CW01375910

Quiches

Sylvie Girard-Lagorce

Photographies et stylisme Myriam Gauthier-Moreau

SOLAR
EDITIONS

Si vous souhaitez recevoir notre catalogue et être tenu au courant de nos publications, envoyez-nous vos nom et adresse, en citant ce livre et en précisant les domaines qui vous intéressent.

Éditions SOLAR
12, avenue d'Italie
75013 Paris

Internet : www.solar.fr

Direction éditoriale : Corinne Cesano
Édition : Delphine Depras et Delphine Aslan
Responsable artistique : Vu Thi
Graphisme et suivi artistique : Julia Philipps
Mise en page : AP3/Chromostyle
Photogravure : AP3/Chromostyle
Fabrication : Laurence Ledru

© 2011, Éditions Solar, un département de place des éditeurs

Tous droits de traduction, d'adaptation et de reproduction par tous procédés, réservés pour tous pays.

ISBN : 978-2-263-05209-5

Code éditeur : S05209/02

Dépôt légal : avril 2011

Imprimé en France par Pollina - L61507

Sommaire

Introduction 5

Quiches printanières 6

Quiches estivales 20

Quiches automnales 34

Quiches hivernales 48

Les petits + gourmands 62

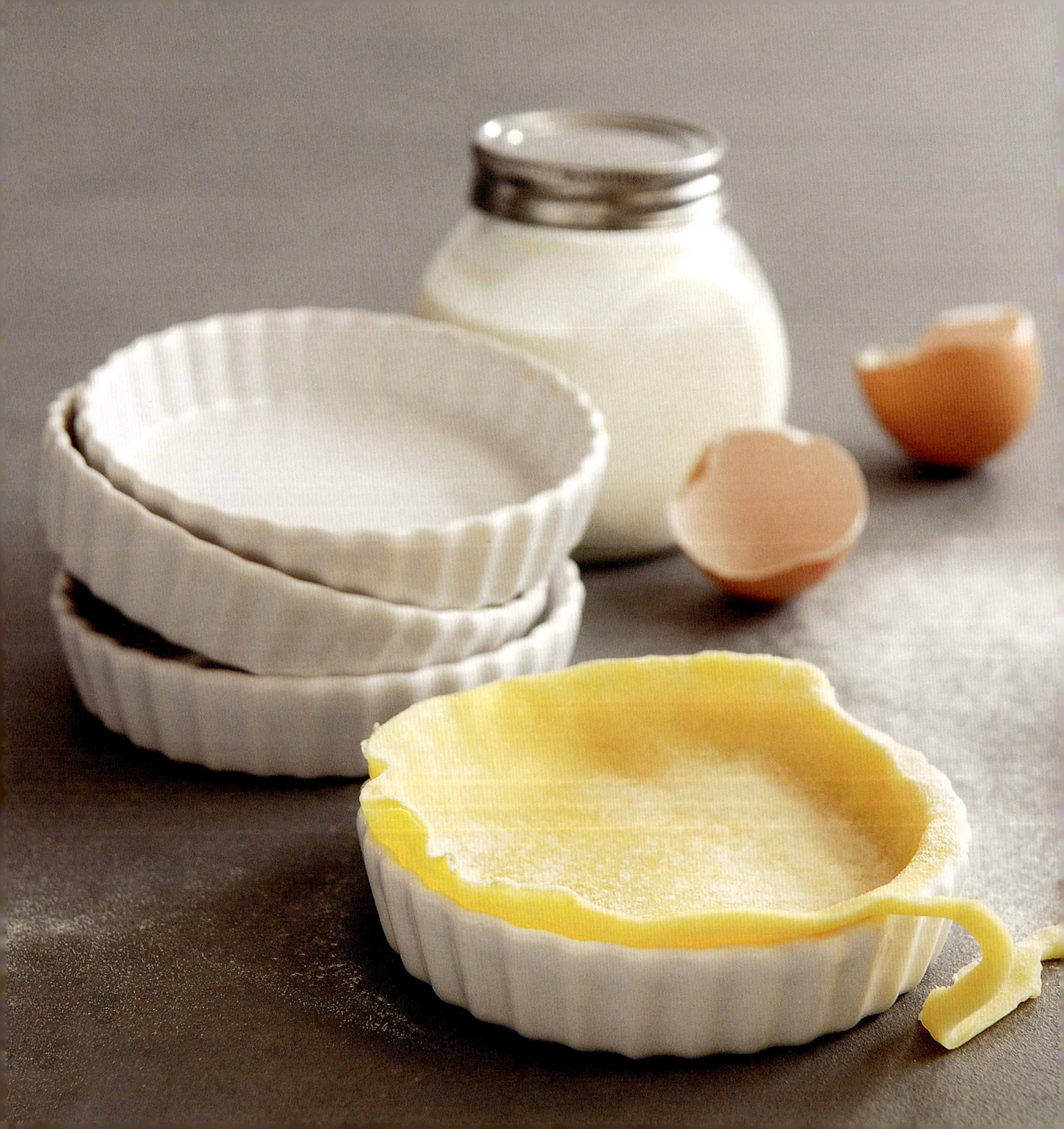

Introduction

La quiche est lorraine comme la ratatouille est niçoise, le bœuf bourguignon, la bouillabaisse marseillaise ou le far breton. Mais à la différence des autres plats emblématiques des provinces de l'Hexagone, la quiche, à partir d'un modèle de base parfaitement connu et répertorié, se prête à d'innombrables variations, qui ne sont pas seulement de simples tartes salées.
Les origines de la quiche lorraine remontent au XVIe siècle et celle de son nom est allemande, puisque *Kuchen* signifie « gâteau ». C'est alors une tarte faite de pâte à pain, garnie d'un mélange d'œufs battus, de crème fraîche et de lardons. Jules Renauld, un historien nancéien de la fin du XIXe siècle, a ainsi décrit le trésor gastronomique de sa ville natale : « Réussie et cuite à point, la quiche offre l'aspect d'un beau ciel éclairé par l'aurore, et dans lequel çà et là flottent quelques légers nuages aux tons fauves et dorés. »
C'est le mélange d'œufs battus et de crème, portant localement le nom de « migaine », qui donne sa particularité à la quiche lorraine. L'imagination des cuisiniers a également donné libre cours à un répertoire non exhaustif de « quiches », dont le seul point commun, hormis le fond de tarte, est ce fameux mélange d'œufs et de crème qui peut s'associer à des légumes ou du poisson, des fruits de mer ou de la viande, en fonction des goûts et des saisons. On la sert souvent chaude, dès la sortie du four, mais on peut aussi la déguster tiède, voire froide. Son accompagnement fétiche est bien sûr la salade verte qui, elle aussi, varie selon la garniture et la saison.
Alors, n'hésitez plus : amusez-vous à décliner ce plat traditionnel au gré de vos envies. À vous de jouer !

Quiche aux asperges et au crabe

Pour 6 personnes
Préparation : 30 minutes
Repos : 1 heure
Cuisson : 42 minutes

Pour la pâte brisée
250 g de farine
125 g de beurre
1 jaune d'œuf
½ cuill. à café de sel fin

Pour la garniture
1 bottillon d'asperges vertes fraîches
150 g de chèvre frais
25 cl de crème fraîche
3 gros œufs
25 g de beurre
200 g de chair de crabe émiettée
Sel et poivre du moulin

Choisissez pour cette recette des asperges vertes bien fraîches, qui vont cuire rapidement avant de constituer la garniture avec les miettes de crabe et le mélange d'œufs, de crème légère et de fromage frais.

- Préparez la pâte brisée : dans un saladier, travaillez la farine, le beurre, le jaune d'œuf, le sel et 3 à 4 cuillerées à soupe d'eau froide. Ramassez la pâte en boule et laissez-la reposer au frais, bien emballée dans du film alimentaire, pendant 1 heure.

- Préchauffez le four à 200 °C (th. 6-7).

- Coupez la base des tiges des asperges, puis pelez-les et lavez-les ; ficelez-les en botte et faites-les cuire à l'eau bouillante salée pendant 12 minutes environ en les gardant un peu croquantes. Égouttez-les soigneusement dans un torchon propre et laissez-les refroidir.

- Dans un petit saladier, mélangez la crème fraîche, le chèvre, les œufs battus en omelette, puis salez légèrement et poivrez.

- Beurrez un moule à tarte de 26 cm de diamètre. Étalez la pâte et placez-la dans le moule. Versez la préparation aux œufs dessus, ajoutez la chair de crabe égouttée et émiettée, puis les asperges en croisillons ou en rosace. Enfournez pour 30 minutes environ. Dégustez la quiche chaude ou tiède.

Il existe différentes qualités de crabe en boîte : le « king crab » est de loin le meilleur, surtout s'il vient d'Alaska ou du Chili. Le simple « crabmeat » provenant d'Asie est sans doute plus abordable, mais nettement moins savoureux : il s'agit en fait de chair d'étrilles et non de crabe « royal ». Lorsque vous égouttez la chair du crabe, vérifiez bien qu'il ne reste aucune particule de cartilage.

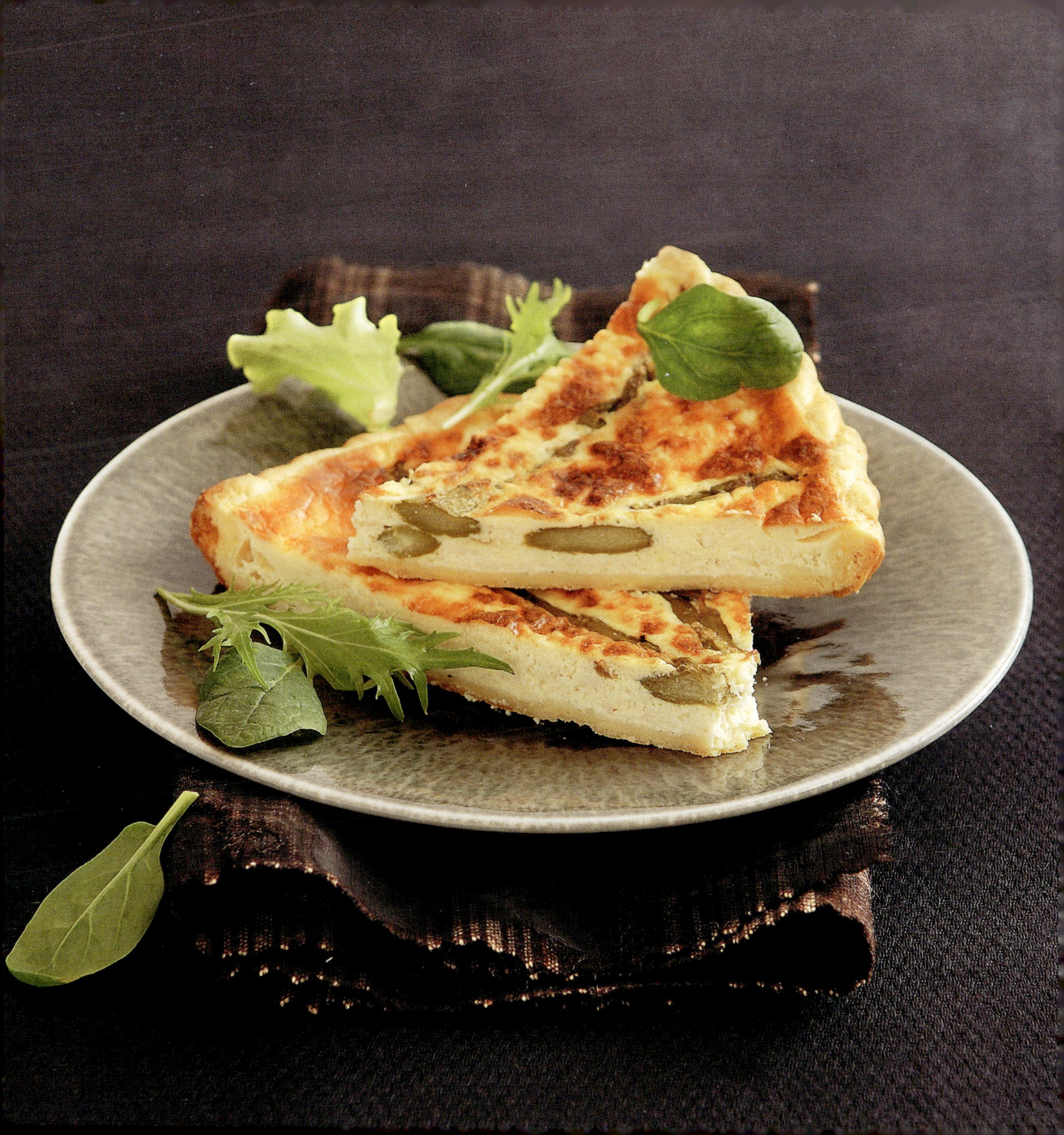

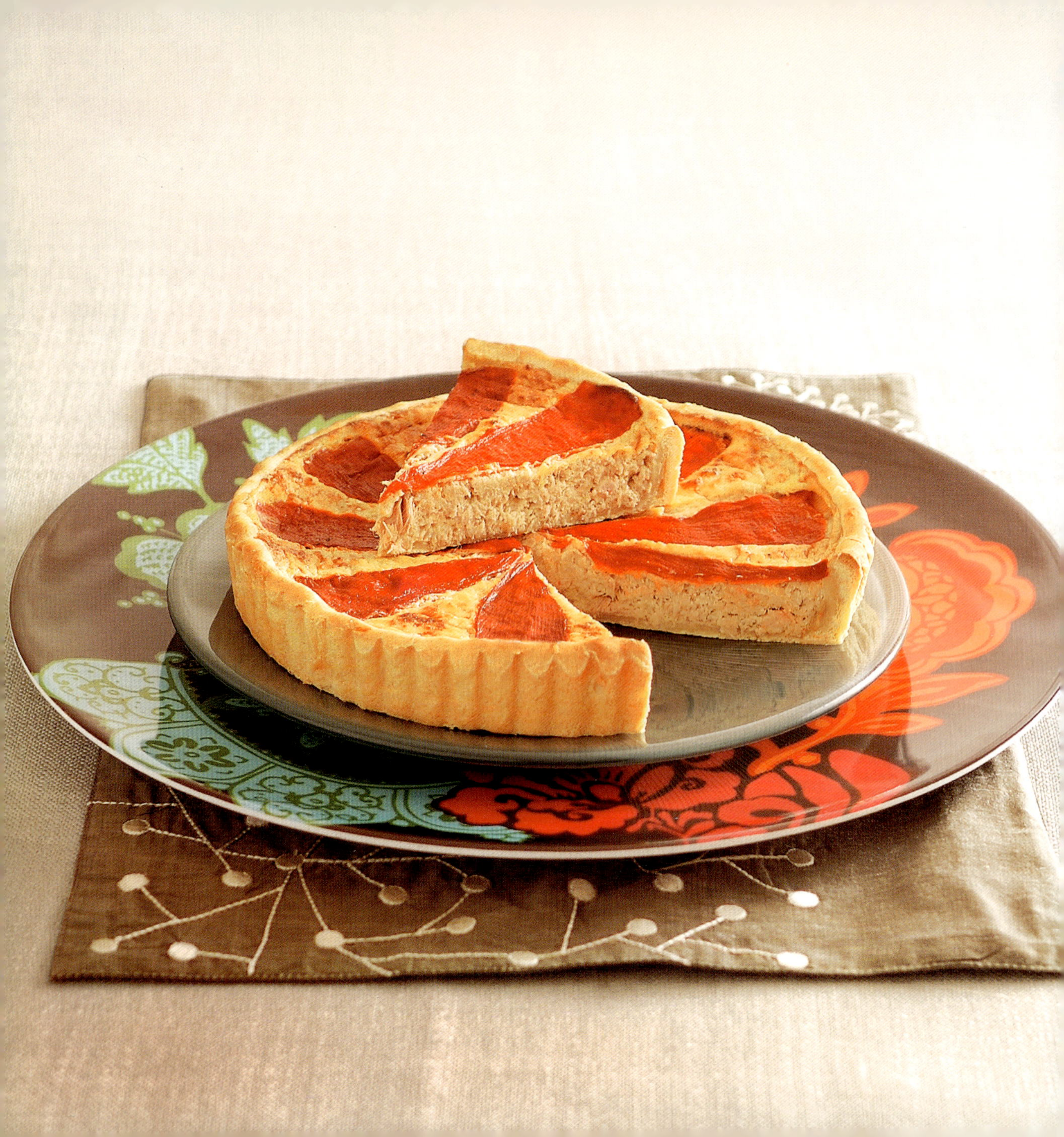

Quiche au thon et aux poivrons

Pour 6 personnes
Préparation : 20 minutes
Cuisson : 25 minutes
1 rouleau de pâte brisée
20 cl de crème fraîche
3 œufs
15 g de beurre
60 g d'emmental râpé
1 grande boîte de thon au naturel (250 g environ)
6 morceaux de poivrons à l'huile, en bocal
2 cuill. à soupe de moutarde douce
½ cuill. à café de piment d'Espelette
Sel et poivre du moulin

Cette quiche facile à préparer au dernier moment avec les ressources du placard est aussi bonne chaude que froide, accompagnée d'une salade de pissenlits ou de mâche. Si vous avez le temps, faites rôtir des poivrons frais 20 minutes sous le gril, puis pelez-les et épépinez-les.

- Préchauffez le four à 200 °C (th. 6-7).
- Étalez la pâte et garnissez-en un moule à tarte beurré. Piquez le fond avec les dents d'une fourchette, puis badigeonnez-le de moutarde agrémentée de piment d'Espelette.
- Égouttez les morceaux de poivrons ainsi que le thon et émiettez-le.
- Cassez les œufs dans un petit saladier, ajoutez la crème, le thon et l'emmental. Salez et poivrez modérément. Mélangez et versez cette préparation sur le fond de tarte, répartissez les morceaux de poivrons sur le dessus et enfournez pour 20 à 25 minutes. Dégustez.

Vous pouvez remplacer les poivrons par des tomates et l'emmental par du parmesan. Dans les deux cas, attention à ne pas trop saler !

Quiche aux courgettes et aux rillettes

Pour 6 personnes
Préparation : 30 minutes
Repos : 1 heure
Cuisson : 45 minutes

Pour la pâte brisée
250 g de farine
150 g de beurre
1 jaune d'œuf
20 g de sucre en poudre
10 g de sel fin
Quelques haricots secs

Pour la garniture
200 g de courgettes à peau fine
250 g de rillettes de Tours
30 cl de crème fraîche épaisse
2 œufs entiers + 2 jaunes
20 cl de lait
25 g de beurre
100 g d'échalotes grises
1 pincée de cannelle en poudre
Sel et poivre du moulin

Cette tarte typique de la région tourangelle réunit des saveurs bien typées : l'échalote et la courgette se marient parfaitement avec le moelleux des rillettes.

- Préparez la pâte brisée : dans un saladier, travaillez la farine, le beurre, le jaune d'œuf, le sucre et le sel. Amalgamez les ingrédients avec un peu d'eau froide, puis ramassez la pâte en boule et laissez-la reposer au frais, emballée dans du film alimentaire, pendant la suite des opérations.

- Préchauffez le four à 200 °C (th. 6-7).

- Lavez les courgettes et coupez le pédoncule. Essuyez-les et émincez-les. Pelez et émincez très finement les échalotes. Versez les rillettes dans une casserole à fond épais et faites-les fondre doucement, puis égouttez-les. Ajoutez les courgettes et les échalotes dans la graisse rendue par les rillettes, puis faites revenir en remuant sans laisser trop colorer. Retirez du feu et réservez.

- Étalez la pâte sur 4 mm d'épaisseur environ et garnissez-en un moule à tarte beurré de 26 cm de diamètre. Faites-le cuire à blanc garni de haricots secs pendant 15 minutes, puis sortez-le du four et laissez refroidir.

- Versez le lait et la crème fraîche dans une jatte, ajoutez les œufs et les jaunes, salez et poivrez, puis ajoutez la pincée de cannelle. Fouettez légèrement et incorporez au mélange de courgettes et d'échalotes en remuant toujours. Ajoutez enfin les rillettes et mélangez à nouveau.

- Versez la garniture sur le fond de tarte et enfournez pour 20 à 25 minutes. Laissez reposer quelques minutes avant de servir.

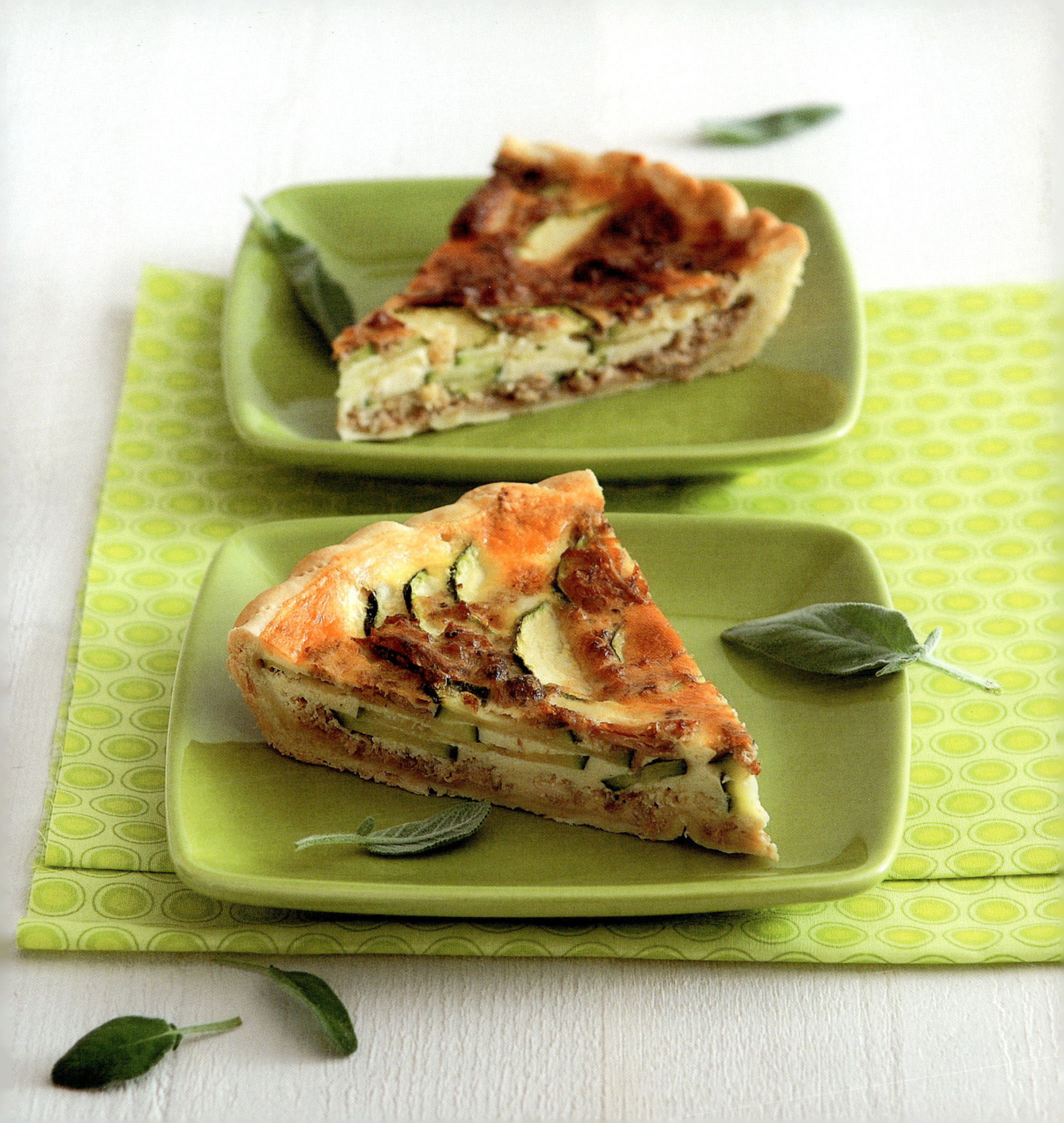

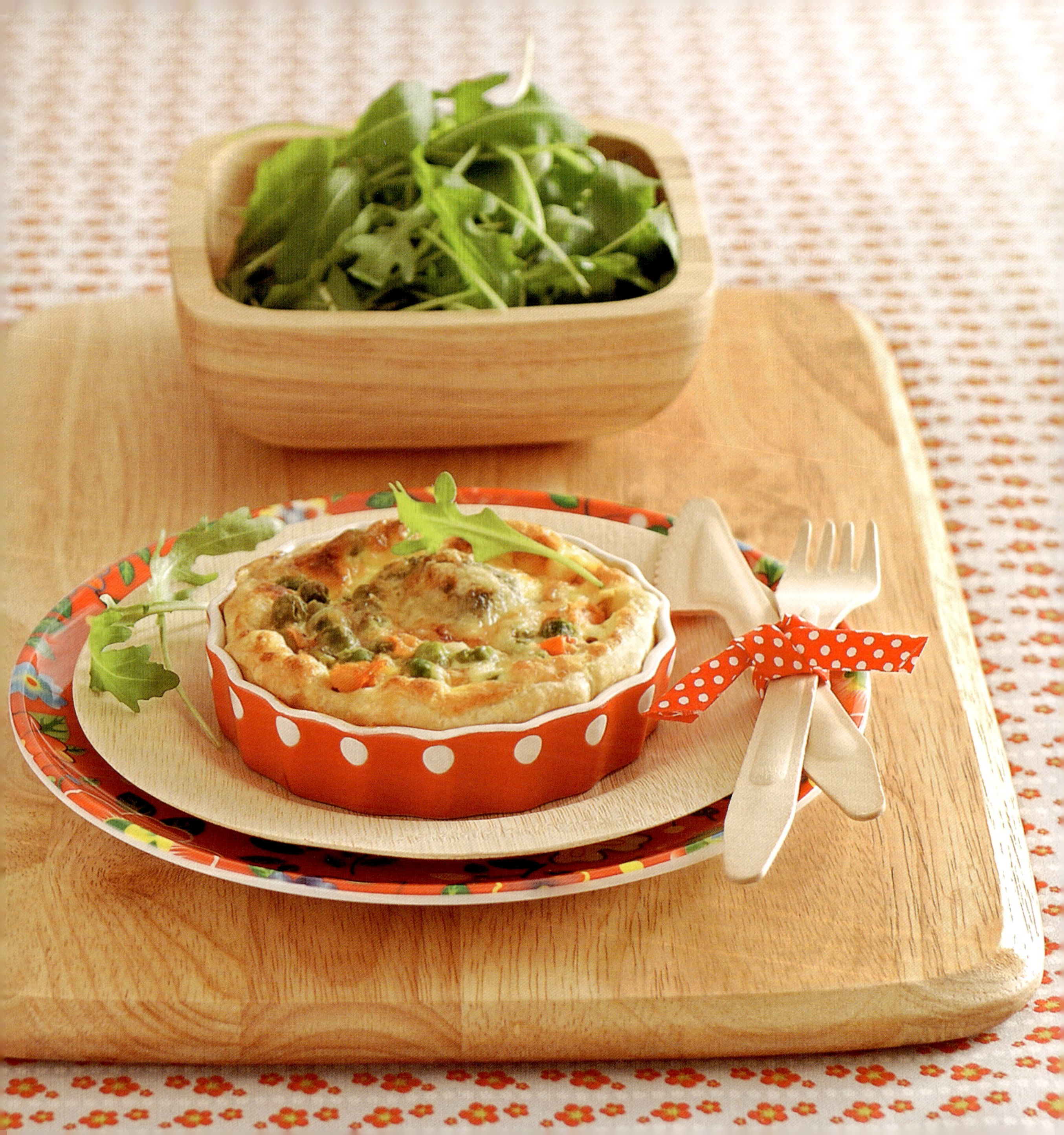

Quiche au brocoli et aux petits pois

Pour 4 personnes
Préparation : 30 minutes
Cuisson : 15 minutes

200 g de pâte feuilletée
½ tête de brocoli
200 g de petits pois frais écossés
1 tomate mûre assez grosse
50 g d'emmental râpé
1 cuill. à soupe bombée de parmesan râpé
2 œufs
20 cl de crème fleurette
10 cl de lait entier
40 g de beurre
1 cuill. à soupe d'huile d'olive
Sel et poivre du moulin

Le mélange de brocoli et de petits pois frais, relevé d'une touche de parmesan et d'une tomate, annonce les beaux jours avec gourmandise. N'hésitez pas à confectionner ces petites quiches hors saison avec des légumes surgelés.

- Préchauffez le four à 210 °C (th. 7).

- Détaillez le brocoli en petits bouquets, coupez la base des queues trop dures, lavez et épongez les bouquets. Faites-les cuire à l'eau bouillante salée pendant 2 minutes ; égouttez-les et plongez les petits pois dans l'eau de cuisson pendant 2 minutes également. Rafraîchissez-les aussitôt et égouttez bien.

- Lavez la tomate et taillez-la en petits dés. Réunissez-les dans une casserole avec les légumes précédents et l'huile d'olive. Faites revenir sur feu vif pendant 2 minutes en remuant délicatement, salez et poivrez.

- Dans un grand bol, battez les œufs en omelette avec la crème et le lait. Ajoutez le parmesan, salez modérément et poivrez. Beurrez 4 moules à tartelettes de 12 à 15 cm de diamètre. Divisez la pâte feuilletée abaissée en 4 portions et garnissez-en les moules. Piquez le fond avec les dents d'une fourchette.

- Répartissez le mélange de légumes sur les fonds de tartelettes, versez délicatement le mélange aux œufs par-dessus et saupoudrez légèrement de fromage râpé. Enfournez pour 15 minutes environ jusqu'à obtention d'une belle coloration dorée. Laissez refroidir légèrement avant de démouler.

Ces tartelettes seront meilleures servies démoulées et tièdes, accompagnées d'une salade de mesclun ou de roquette, par exemple.

Quiche à la feta et à la menthe

Pour 6 personnes
Préparation : 30 minutes
Cuisson : 30 minutes

300 g de pâte feuilletée
250 g de feta
25 cl de crème fraîche
4 gros œufs
20 g de beurre
1 cuill. à soupe de farine
10 à 12 petites olives dénoyautées
1 bottillon de menthe fraîche
4 brins de persil plat
1 cuill. à soupe de fleurs de thym frais
Quelques haricots secs
Sel et poivre du moulin

La feta est le plus connu des fromages grecs : on l'utilise fréquemment dans les salades, associée avec des olives, des tomates, du fenouil, etc. Mais pour une quiche originale de printemps, elle fait merveille dans une garniture relevée de menthe, de persil et de thym. Choisissez-la fraîche, conservée à l'eau salée et non à l'huile.

• Préchauffez le four à 210 °C (th. 7).

• Beurrez et farinez un moule à tarte de 26 cm de diamètre environ. Étalez la pâte, placez-la dans le moule, piquez le fond avec les dents d'une fourchette et couvrez-le de papier sulfurisé, puis déposez les haricots secs dessus. Enfournez ce fond de tarte pour 15 minutes. Sortez-le, retirez les haricots et le papier. Réservez.

• Cassez les œufs dans un saladier et battez-les en omelette. Incorporez la crème en fouettant légèrement, salez et poivrez. Lavez, épongez et ciselez grossièrement les feuilles de menthe et de persil, ajoutez-les à la préparation et mélangez.

• Coupez la feta en petits dés et répartissez-les sur le fond de tarte. Versez-y délicatement la préparation à la crème et aux œufs. Parsemez le dessus de thym et ajoutez les olives coupées en rondelles. Enfournez à nouveau pour 15 minutes. Laissez refroidir légèrement avant de démouler, puis servez tiède.

Les olives qui accompagnent souvent la feta sont à choisir en fonction de votre goût, noires ou vertes, selon que vous aimez une saveur plus fruitée ou un peu plus amère. Vous pouvez remplacer le persil par du vert de fenouil.

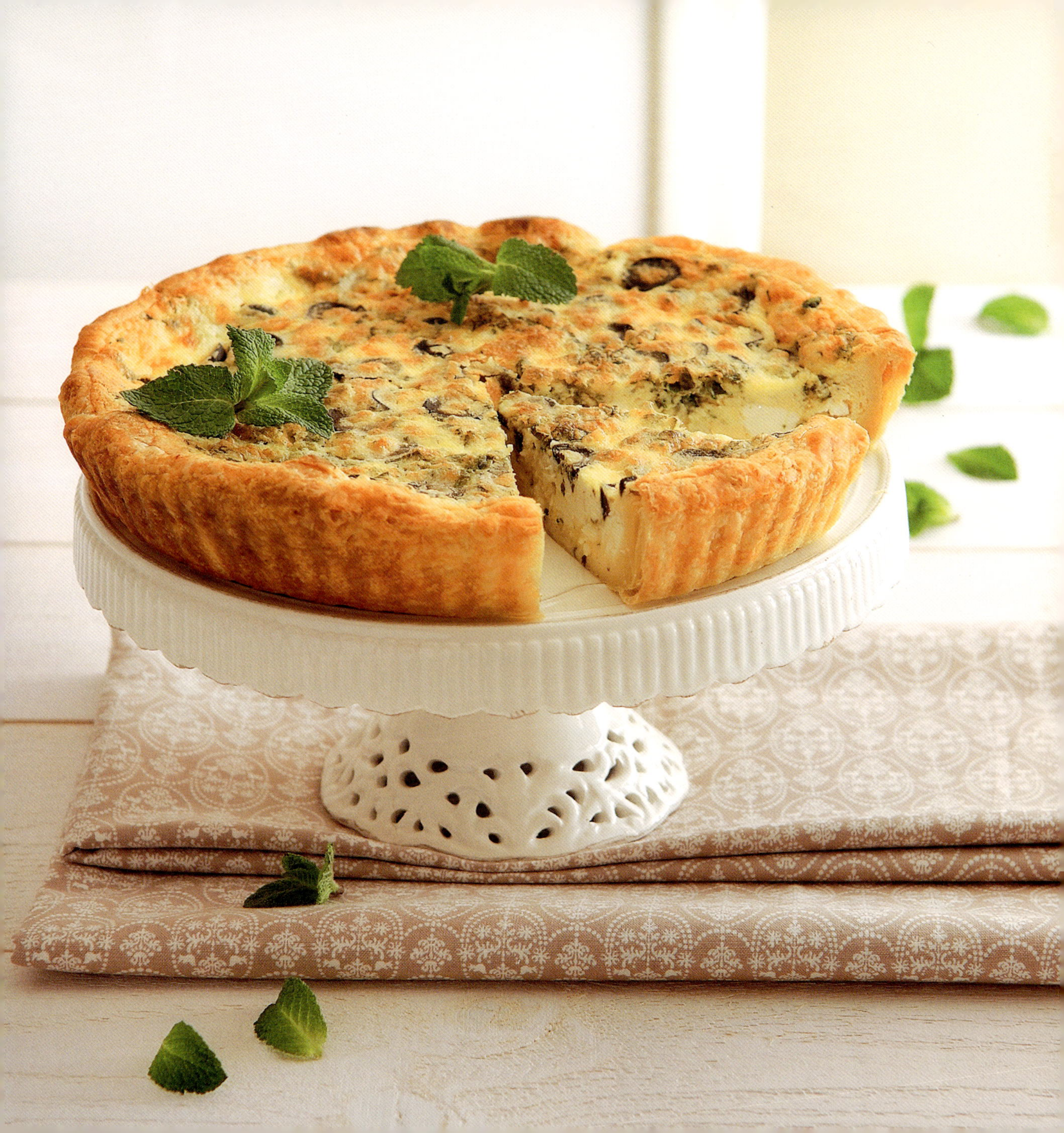

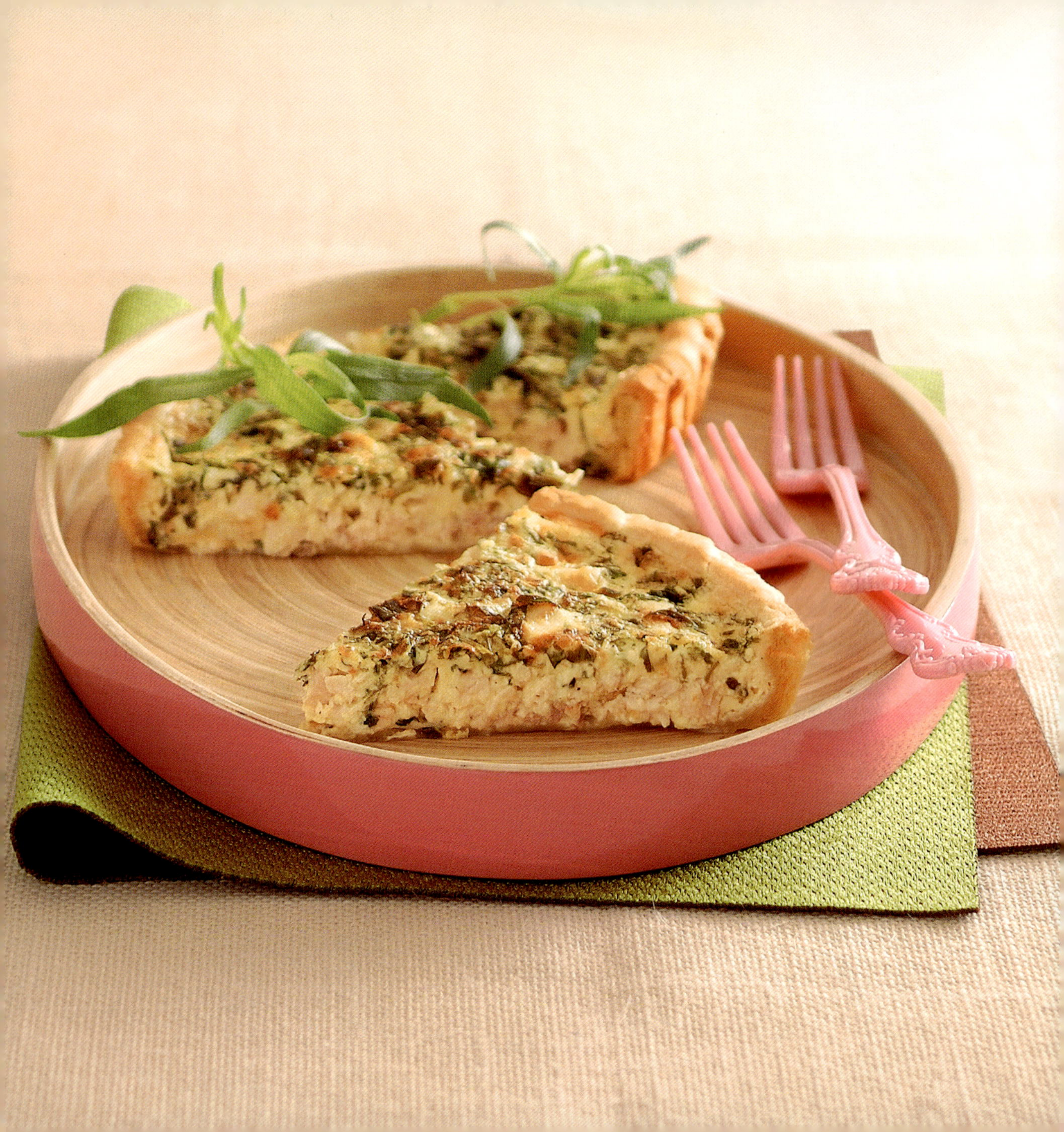

Quiche au poulet et à l'estragon

Pour 6 personnes
Préparation : 30 minutes
Repos : 1 heure
Cuisson : 30 minutes

Pour la pâte brisée
250 g de farine
125 g de beurre
1 jaune d'œuf
Sel fin

Pour la garniture
250 g de poulet rôti, désossé et sans peau
40 cl de crème fraîche épaisse
2 œufs entiers + 2 jaunes
10 cl de lait
25 g de beurre
1 beau bouquet d'estragon frais
Sel et poivre du moulin

Le mariage du poulet et de l'estragon fait partie des grands classiques de la cuisine. Si vous n'avez pas de poulet rôti, utilisez éventuellement des blancs de poulet cuits, voire du jambon de volaille vendu en tranches.

- Préparez la pâte brisée : dans un saladier, travaillez la farine, le beurre, le jaune d'œuf et 2 ou 3 pincées de sel. Amalgamez le tout avec 3 à 4 cuillerées à soupe d'eau froide. Mélangez rapidement et ramassez la pâte en boule. Enveloppez de film alimentaire et placez au réfrigérateur pendant 1 heure.

- Préchauffez le four à 180 °C (th. 6).

- Beurrez un moule à tarte de 26 cm de diamètre. Étalez la pâte, garnissez-en le moule et piquez le fond avec les dents d'une fourchette. Laissez reposer à température ambiante pendant la préparation de la garniture. Lavez, épongez et effeuillez l'estragon. Ciselez grossièrement les feuilles.

- Versez la crème fraîche dans un saladier, ajoutez le lait, les œufs et les jaunes. Fouettez rapidement le mélange, salez et poivrez. Incorporez la moitié des feuilles d'estragon ciselées. Retaillez le poulet en petits morceaux et répartissez-les sur le fond de tarte. Ajoutez le reste d'estragon, puis versez la préparation aux œufs par-dessus. Enfournez pour 30 minutes. Servez chaud.

Vous pouvez remplacer le poulet par des rondelles de chorizo doux, en ajoutant 1 ou 2 pincées de paprika et 4 cuillerées à soupe de gruyère râpé à la garniture.

Quiche à la tomate et au pesto

Pour 6 personnes
Préparation : 30 minutes
Repos : 1 heure
Cuisson : 1 heure

Pour la pâte

200 g de farine
100 g de beurre
Sel fin

Pour le pesto et la garniture

50 g de parmesan
4 gousses d'ail
1 bouquet de basilic
80 g de pignons de pin
Huile d'olive + 2 cuill. à soupe
8 tomates moyennes
100 g de comté
ou de beaufort râpé
15 cl de crème fraîche
2 œufs
25 g de beurre
2 échalotes
1 pincée de sucre en poudre
Quelques haricots secs
Sel et poivre du moulin

Choisissez des tomates mûres mais pas trop juteuses, et attendez que la concassée soit bien réduite pour en garnir les tartelettes : l'eau des tomates risquerait de détremper la pâte.

• Préparez la pâte : dans un saladier, travaillez la farine, une pincée de sel et le beurre en parcelles. Amalgamez le tout avec 2 cuillerées à soupe d'eau, formez une boule et enveloppez-la dans du film alimentaire. Réservez dans le bas du réfrigérateur.

• Préparez le pesto : pilez dans un mortier les feuilles du bouquet de basilic avec 2 gousses d'ail, le parmesan et les pignons de pin, salez et poivrez. Délayez avec de l'huile d'olive jusqu'à obtention de la consistance désirée, en prenant garde à ce qu'elle ne soit pas trop liquide.

• Préchauffez le four à 180 °C (th. 6).

• Ébouillantez, pelez et concassez les tomates. Pelez et hachez finement les 2 autres gousses d'ail et les échalotes. Faites chauffer l'huile dans une sauteuse, ajoutez l'ail et les échalotes, puis faites revenir sur feu moyen en remuant pendant 5 minutes. Ajoutez les tomates, la pincée de sucre, salez et poivrez. Mélangez et laissez cuire sur feu doux pendant 25 à 30 minutes, sans couvrir.

• Étalez la pâte et garnissez-en 6 moules à tartelettes beurrés de 12 à 15 cm de diamètre. Tapissez-les de papier sulfurisé et recouvrez de haricots secs. Faites cuire à blanc pendant 10 minutes environ, retirez haricots et papier, et enfournez à nouveau pour 5 minutes.

• Dans un petit saladier, mélangez les œufs battus en omelette, la crème et la concassée de tomates bien réduite. Ajoutez le fromage râpé et le pesto. Répartissez cette garniture sur les fonds de tarte et enfournez à nouveau pour 20 minutes. Servez chaud ou tiède.

Pour gagner du temps, utilisez 6 cuillerées à soupe de pesto tout prêt.

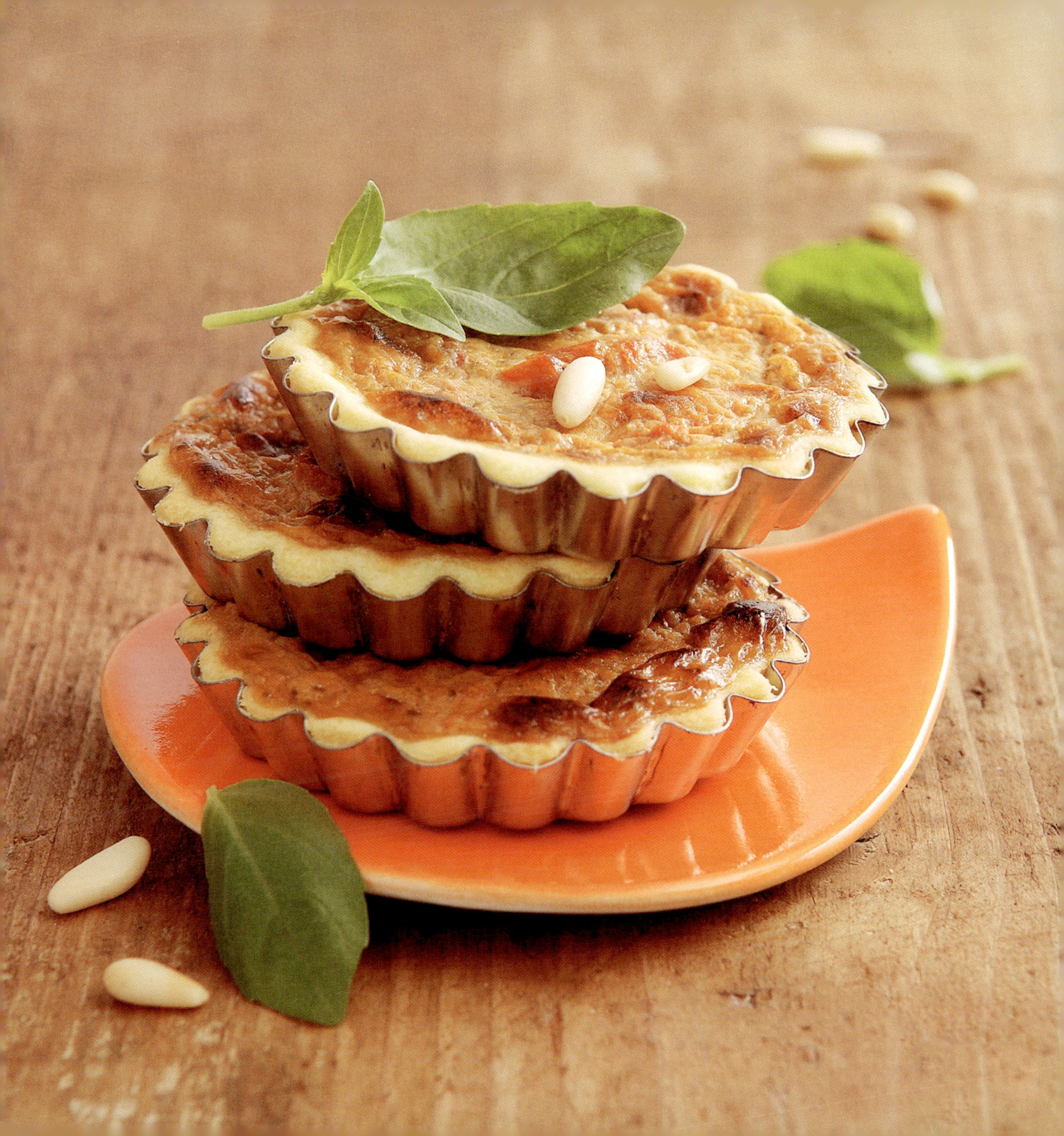

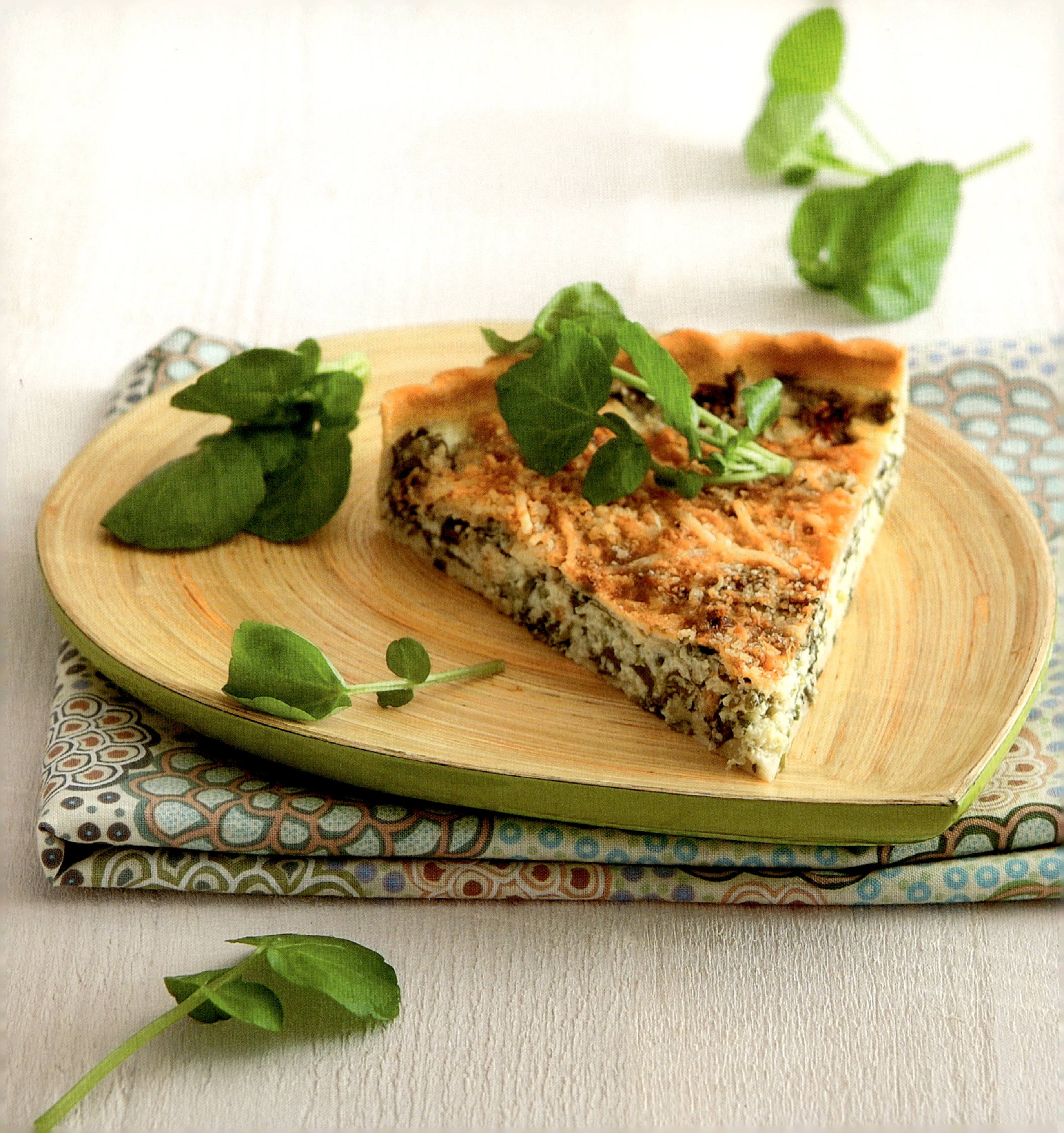

Quiche au chèvre et au cresson

Pour 6 personnes
Préparation : 30 minutes
Cuisson : 30 minutes

250 g de pâte brisée
100 g de chèvre frais bien égoutté
40 g de gruyère râpé
40 cl de lait
2 œufs entiers + 2 jaunes
40 g de beurre
1 grosse botte de cresson
1 bouquet de ciboulette
1 cuill. à soupe de farine
1 cuill. à soupe de chapelure
Sel et poivre du moulin

Le fromage de chèvre frais, pas encore affiné, possède une saveur lactique légèrement acidulée qui se marie très bien avec les herbes printanières. Le meilleur est fermier, mais vous pouvez aussi utiliser du fromage frais industriel de type Chavroux® ou Petit Billy®.

- Préchauffez le four à 220 °C (th. 7-8).

- Étalez la pâte brisée et garnissez-en un moule recouvert de 20 g de beurre. Piquez le fond avec une fourchette et enfournez pour 12 à 15 minutes. Réservez au réfrigérateur.

- Triez et hachez grossièrement le cresson, puis ciselez la ciboulette.

- Faites fondre le reste de beurre dans une casserole assez grande, ajoutez la farine et mélangez de manière à obtenir une couleur bien dorée. Versez le lait et mélangez sur feu doux pendant 10 minutes. Salez et poivrez.

- Incorporez le cresson et la ciboulette dans la casserole. Mélangez intimement. Retirez du feu, attendez quelques instants, puis incorporez les œufs et les jaunes.

- Dans un bol, mélangez la chapelure et le gruyère.

- Sortez le fond de tarte du réfrigérateur, puis garnissez-le de fromage de chèvre grossièrement émietté. Versez dessus la préparation au cresson avant de parsemer du mélange au gruyère. Enfournez à nouveau pour 15 minutes environ.

Pour donner davantage de relief à cette quiche, vous pouvez remplacer le cresson et les fines herbes par de petits artichauts poivrades, bien parés, émincés et blanchis 10 minutes environ.

Quiches estivales • 21

Quiche aux fruits de mer

Pour 6 personnes
Préparation : 30 minutes
Repos : 30 minutes
Cuisson : 30 minutes

Pour la pâte brisée
250 g de farine
125 g de beurre
Sel fin

Pour la garniture
1 l de coques
200 g de grosses queues de crevettes roses, cuites et décortiquées
6 belles langoustines cuites et décortiquées
20 cl de crème fraîche
3 œufs
10 cl de lait
25 g de beurre
1 cuill. à soupe de persil plat ciselé
1 cuill. à soupe de basilic ciselé
1 cuill. à soupe d'estragon ciselé
1 cuill. à café de Spigol
Sel et poivre du moulin

Il existe différentes manières de garnir une quiche aux fruits de mer : si les crevettes sont irremplaçables, on peut utiliser des coques ou des praires, des langoustines ou même des miettes de crabe, dans un onctueux mélange relevé d'une pointe de safran ou d'épices pour paella.

- Préparez la pâte brisée : dans un saladier, travaillez rapidement la farine, le beurre, une pincée de sel et 3 cuillerées à soupe d'eau bien froide. Formez une boule, emballez-la dans du film alimentaire et réservez 30 minutes au réfrigérateur.

- Lavez et rincez les coques, mettez-les dans une marmite à fond épais, posez-la sur feu vif, couvrez et laissez chauffer quelques minutes jusqu'à ce que les coquillages soient tous ouverts. Décoquillez-les et jetez ceux qui sont restés fermés.

- Préchauffez le four à 200 °C (th. 6-7).

- Mettez les noix de chair dans un saladier avec les crevettes décortiquées recoupées en morceaux, ajoutez les fines herbes et mélangez. Étalez la pâte sur 4 à 5 mm d'épaisseur et garnissez-en un moule à tarte beurré de 26 cm de diamètre environ. Répartissez le mélange de coques et de crevettes sur ce fond.

- Cassez les œufs dans une jatte, ajoutez la crème et le lait, salez modérément, ajoutez une pincée de poivre et le Spigol. Mélangez intimement et versez délicatement la préparation sur la garniture. Disposez sur le dessus les queues de langoustines décortiquées en rosace. Enfournez pour 30 minutes et servez bien chaud.

Le Spigol, vendu en petits sachets au rayon des épices et condiments, est un mélange d'épices à base de piment doux utilisé pour relever la paella et les plats à base de riz.

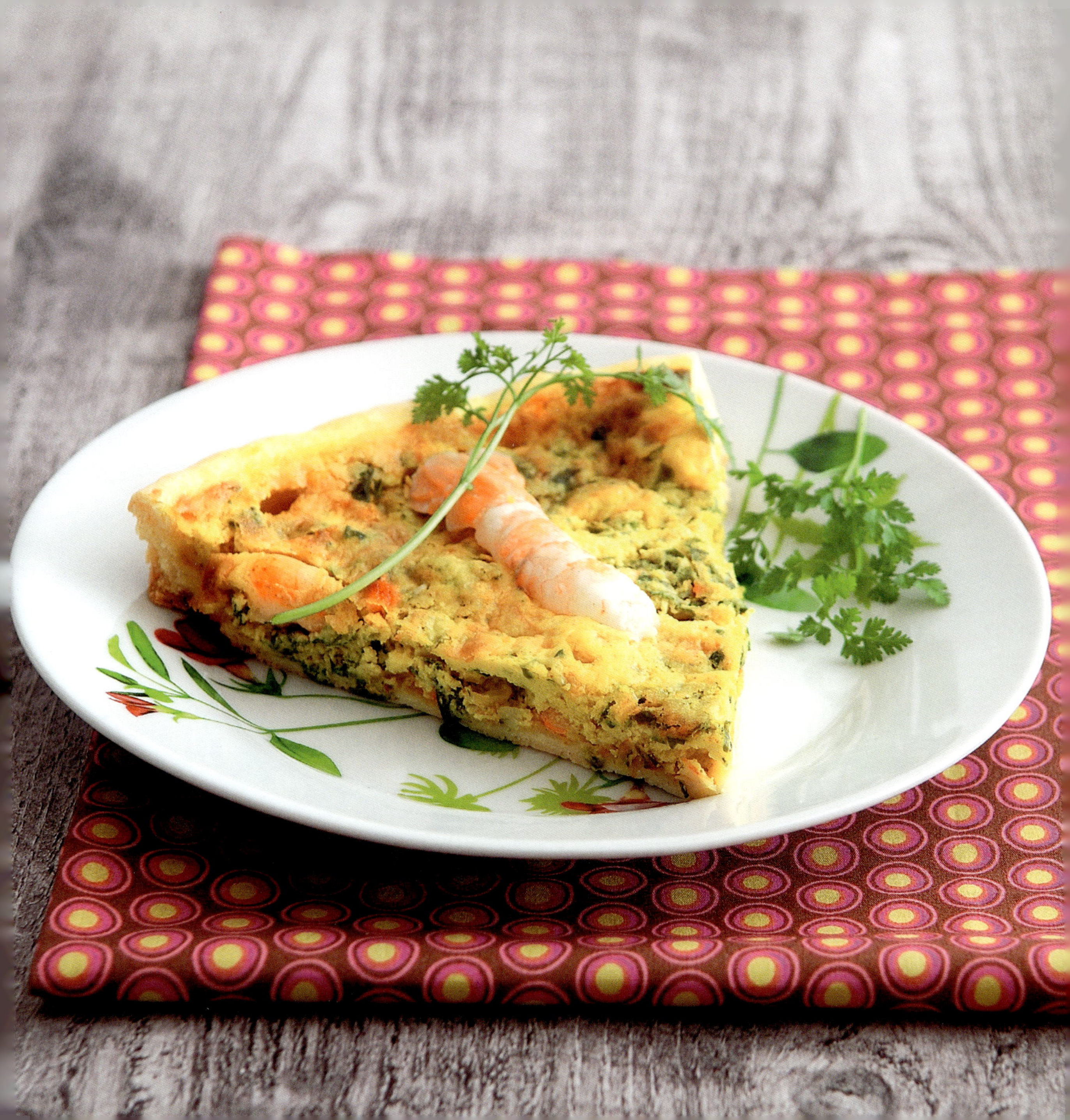

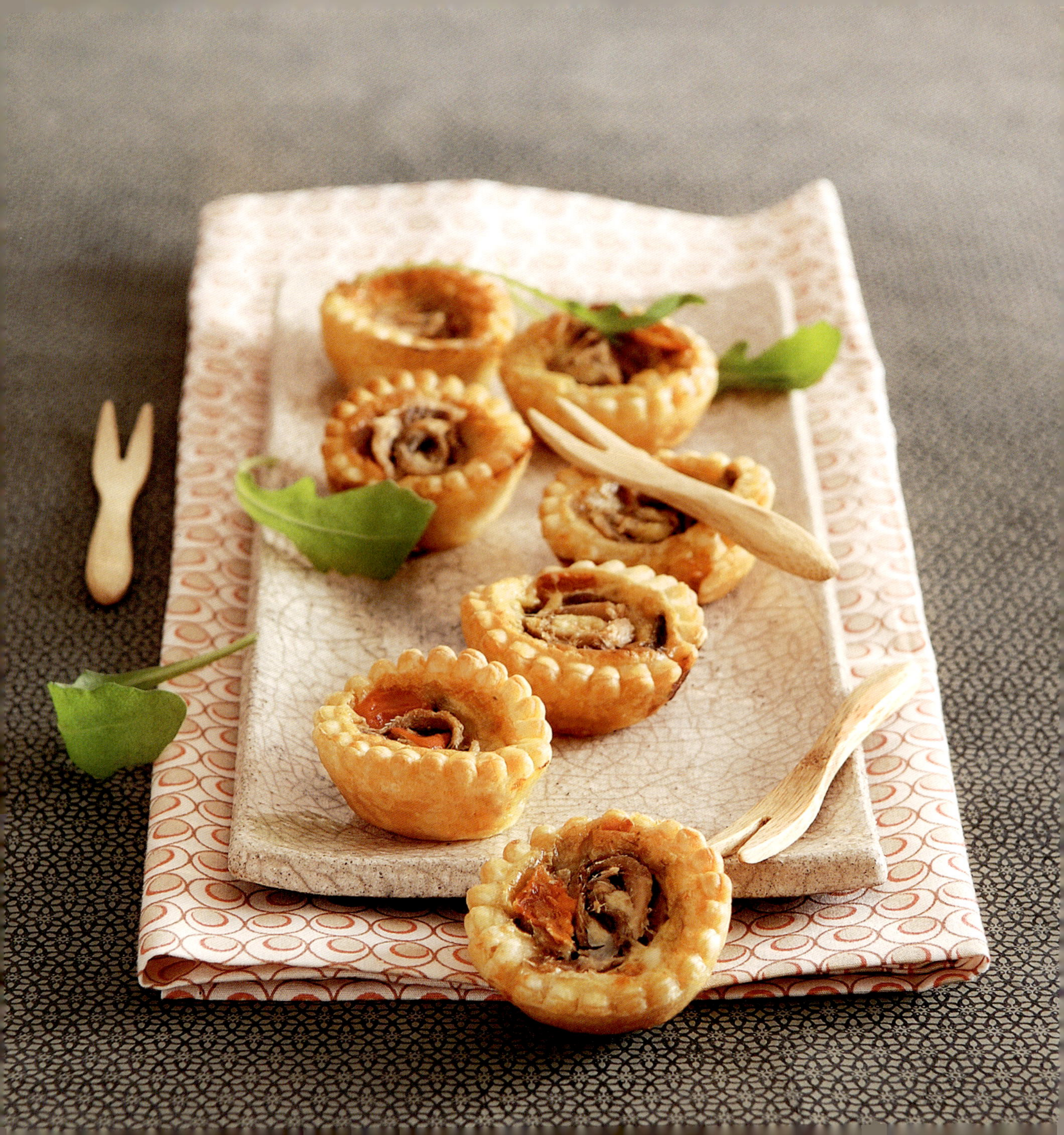

Mini-quiches provençales

Pour 6 personnes
Préparation : 30 minutes
Cuisson : 15 minutes
400 g de pâte feuilletée en rouleau
20 cl de crème fleurette
2 œufs
50 g de beurre
100 g de parmesan râpé
12 filets d'anchois à l'huile
4 cuill. à soupe de ratatouille
Sel et poivre du moulin

Servies en amuse-gueule à l'apéritif, ces mini-quiches prennent un accent ensoleillé grâce à la ratatouille et au parmesan. Pour une autre saison, choisissez une garniture différente : champignons émincés revenus au beurre, petites pointes d'asperges et miettes de saumon ou mini-lardons et gruyère râpé.

- Préchauffez le four à 220 °C (th. 7).

- Étalez la pâte sur le plan de travail et découpez-y 24 petits disques de 7 cm de diamètre environ. Beurrez des petits moules à tartelettes à bords lisses et garnissez-les avec les ronds de pâte en les enfonçant délicatement du bout des doigts.

- Répartissez le parmesan dans le fond des moules. Cassez les œufs dans une jatte et battez-les en omelette avec un peu de sel et de poivre. Ajoutez la crème petit à petit en fouettant toujours de manière à obtenir une préparation homogène. Incorporez enfin la ratatouille. Goûtez et rectifiez l'assaisonnement.

- Versez la préparation dans les moules, sur le fromage, puis ajoutez sur le dessus de chacun un demi filet d'anchois bien épongé. Rangez les moules sur la plaque du four et faites cuire pendant 12 à 15 minutes. Servez chaud ou tiède.

Pour les mini-quiches, c'est la pâte feuilletée qui convient le mieux. À la place des petits moules à tartelettes classiques, vous pouvez utiliser une plaque de moules siliconée.

Quiche au fenouil et à l'anis vert

Pour 6 personnes
Préparation : 30 minutes
Cuisson : 30 minutes

250 g de pâte brisée
15 cl de crème fraîche
3 œufs
15 g de beurre
2 beaux bulbes de fenouil
1 oignon doux
2 cuill. à soupe d'huile
1 cuill. à café de graines d'anis vert
Sel et poivre du moulin

Le fenouil possède une saveur anisée adoucie par la crème, mais soulignée par les grains d'anis vert. Parez et pelez éventuellement le fenouil pour ne pas risquer de retrouver des filandres lors de la dégustation.

- Préchauffez le four à 240 °C (th. 8).

- Parez et émincez finement le fenouil, en conservant les sommités vertes ciselées. Pelez et émincez finement l'oignon. Versez l'huile dans une sauteuse et faites-y revenir doucement l'oignon en remuant pendant 2 minutes, salez et poivrez. Ajoutez le fenouil, sans le vert, et poursuivez la cuisson pendant 5 minutes. Mélangez intimement, retirez du feu et réservez.

- Étalez la pâte et garnissez-en un moule à tarte beurré. Cassez les œufs dans un bol, ajoutez la crème, l'anis et le vert de fenouil. Mélangez, salez et poivrez.

- Versez la première préparation sur le fond de tarte et lissez le dessus. Versez délicatement par-dessus le mélange aux œufs et à l'anis. Enfournez pour 25 minutes, puis éteignez le four et laissez-y la quiche pendant encore 5 minutes.

Diminuez la proportion de fenouil à un seul gros bulbe et ajoutez 2 tranches de saumon ou de truite fumée.

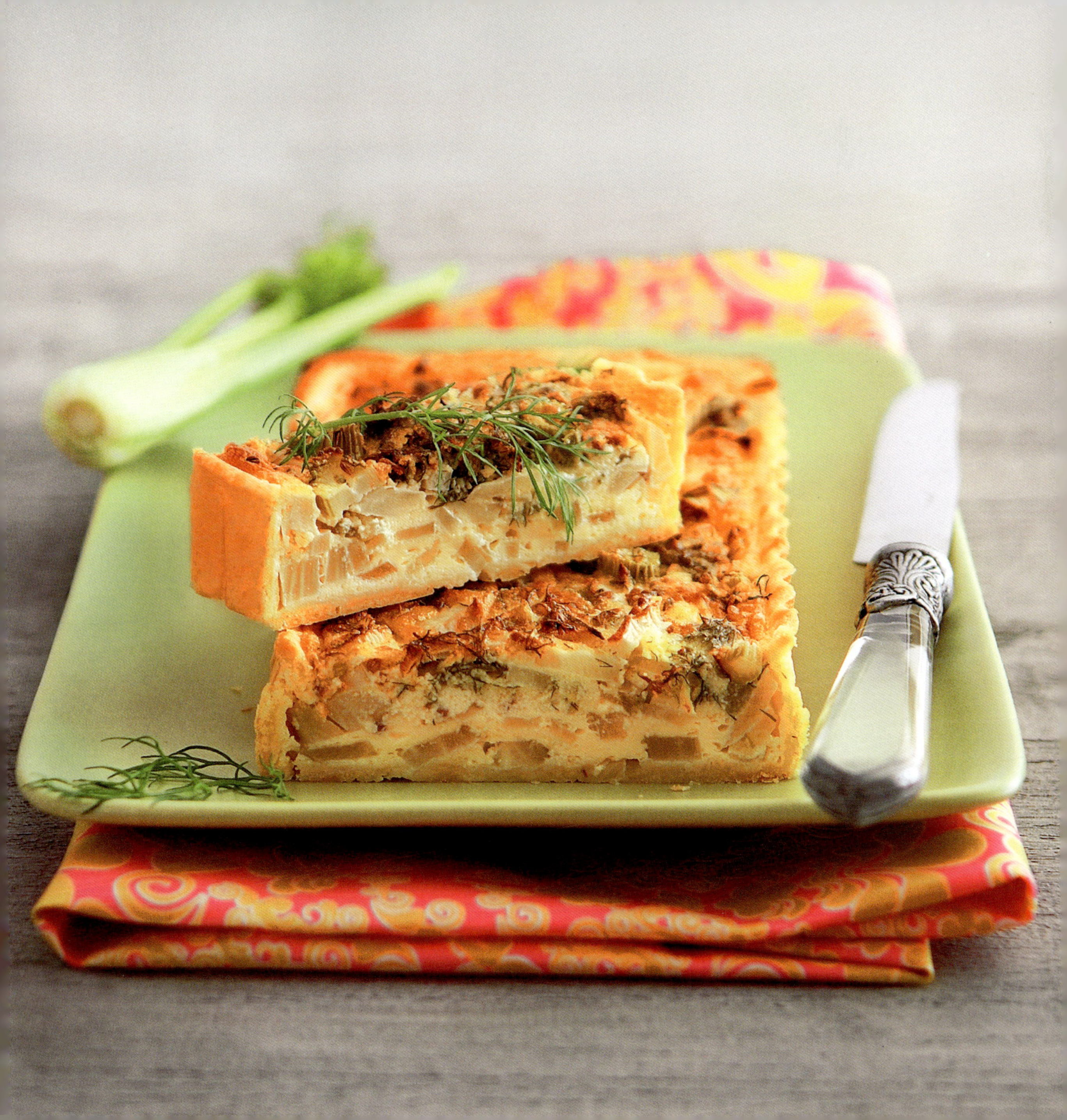

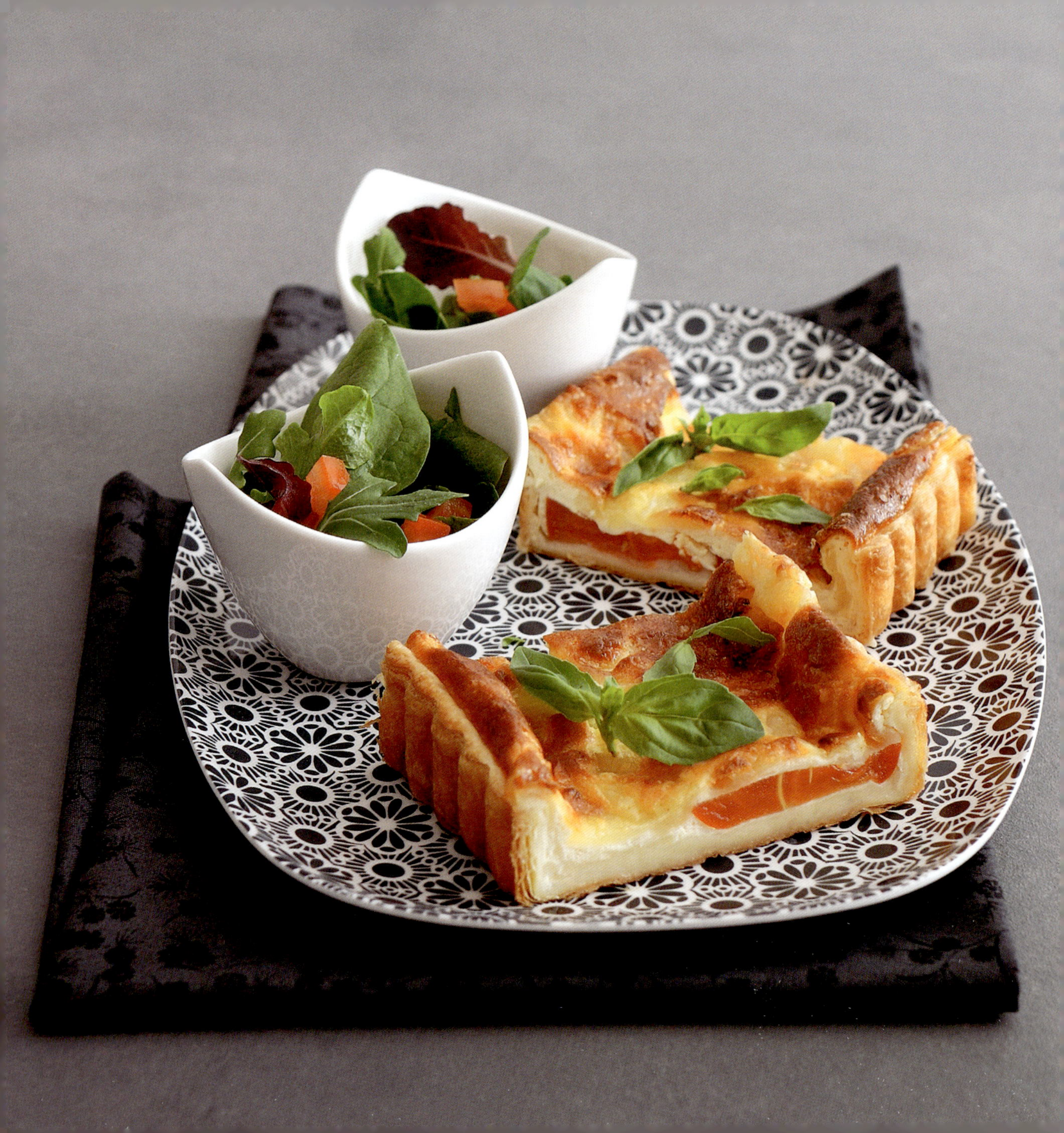

Quiche parmesane à la mozzarella

Pour 6 personnes
Préparation : 30 minutes
Cuisson : 30 minutes

1 rouleau de pâte feuilletée
500 g de tomates
2 œufs
20 cl de crème fraîche épaisse
1 grosse boule de mozzarella
15 g de beurre
18 belles feuilles de basilic
Sel et poivre du moulin

La tomate et la mozzarella font désormais partie des accords les plus courants et les plus classiques de la cuisine estivale, aussi bien en salade qu'en pizza. Ici, cette variante particulièrement fondante propose d'y associer des olives et du jambon de Parme.

- Préchauffez le four à 200 °C (th. 6-7).

- Étalez la pâte dans un moule beurré, piquez le fond avec une fourchette et enfournez pour 10 minutes. Sortez-le et laissez reposer à température ambiante.

- Ébouillantez et pelez les tomates, puis coupez-les en tranches assez épaisses. Égouttez la mozzarella et coupez-la en dés. Cassez les œufs dans un grand bol, ajoutez la crème fraîche, salez et poivrez.

- Répartissez les tranches de tomates sur le fond de tarte précuit. Ajoutez les dés de mozzarella, puis versez doucement le mélange aux œufs par-dessus. Enfournez à nouveau pour 25 à 30 minutes, en surveillant que la croûte ne brûle pas. Sortez la quiche et répartissez les feuilles de basilic sur le dessus. Servez aussitôt.

Remplacez les tomates par des courgettes ou garnissez le dessus de pignons de pin légèrement grillés.

Pour cette recette qui est cuite, vous pouvez utiliser de la mozzarella au lait de vache ; réservez celle au lait de bufflonne pour une salade fraîche.

Quiche aux olives et au jambon

Pour 4 à 6 personnes
Préparation : 30 minutes
Cuisson : 30 minutes

1 rouleau de pâte feuilletée
2 grandes tranches assez épaisses de jambon cuit fumé
3 œufs
15 cl de crème fleurette
15 g de beurre
80 g de parmesan râpé
100 g d'olives vertes dénoyautées
1 cuill. à soupe de tapenade verte
Sel et poivre du moulin

Le choix du jambon peut donner des résultats très différents, selon qu'il est cru ou cuit, fumé ou non. Vous pouvez même le remplacer par des mini-lardons maigres. La tapenade verte ajoute une saveur supplémentaire à la garniture. En revanche, évitez la noire qui, à la cuisson, donne un goût un peu âcre.

- Préchauffez le four à 210 °C (th. 7).

- Étalez la pâte feuilletée dans un moule à tarte beurré de 24 cm de diamètre. Piquez le fond avec une fourchette. Répartissez les olives coupées en rondelles sur le fond de tarte et poudrez-les de parmesan. Ajoutez ensuite le jambon découenné et taillé en languettes.

- Cassez les œufs dans un grand bol et battez-les en omelette, ajoutez la crème et la tapenade, salez modérément et poivrez, puis versez délicatement le tout sur la garniture précédente. Enfournez pour 30 minutes environ et laissez reposer 5 minutes dans le four éteint.

Servez cette quiche de préférence tiède avec une salade de mesclun ou un mélange de scarole et de trévise rouge, assaisonné d'une vinaigrette au citron et au vinaigre balsamique.

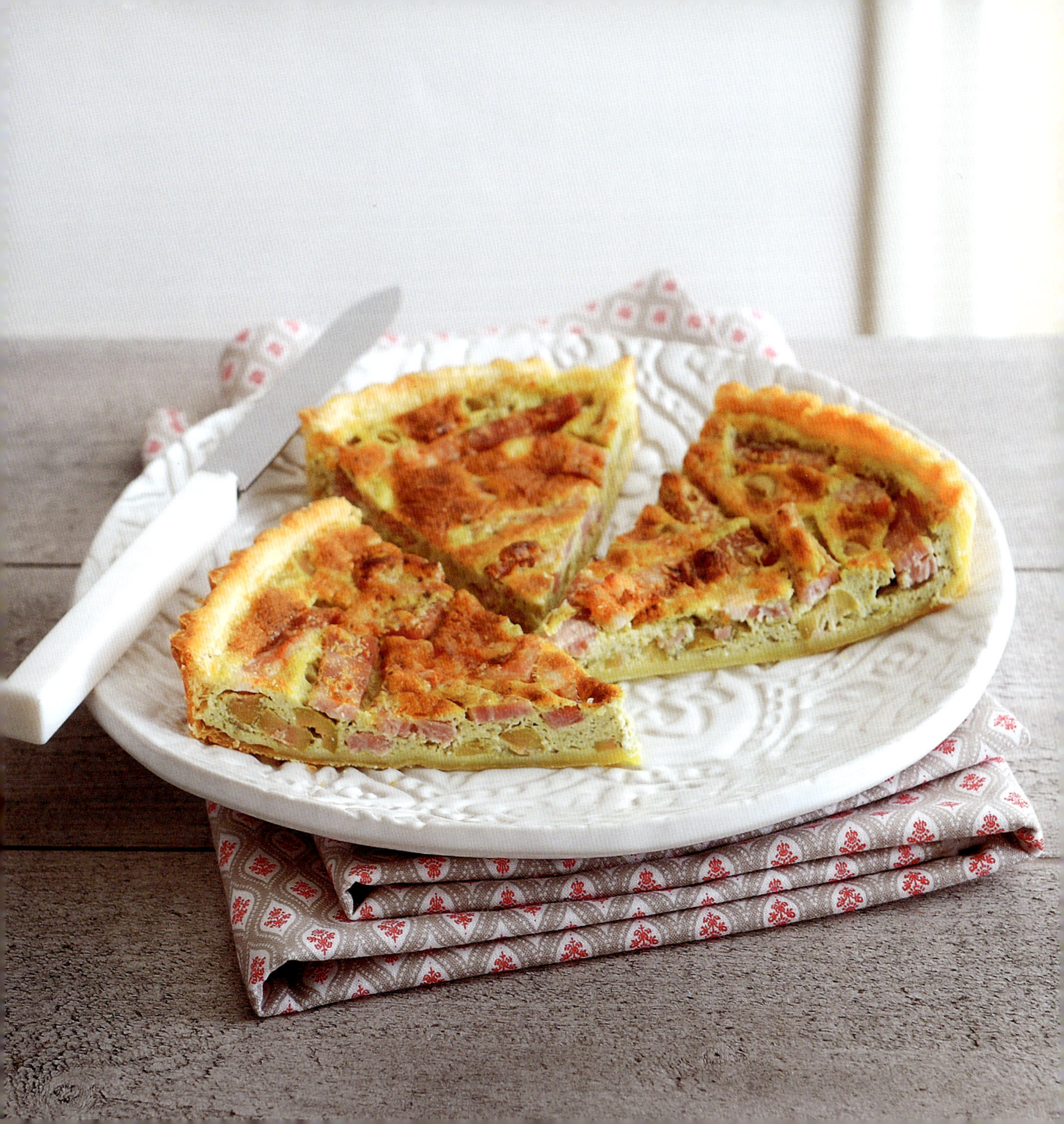

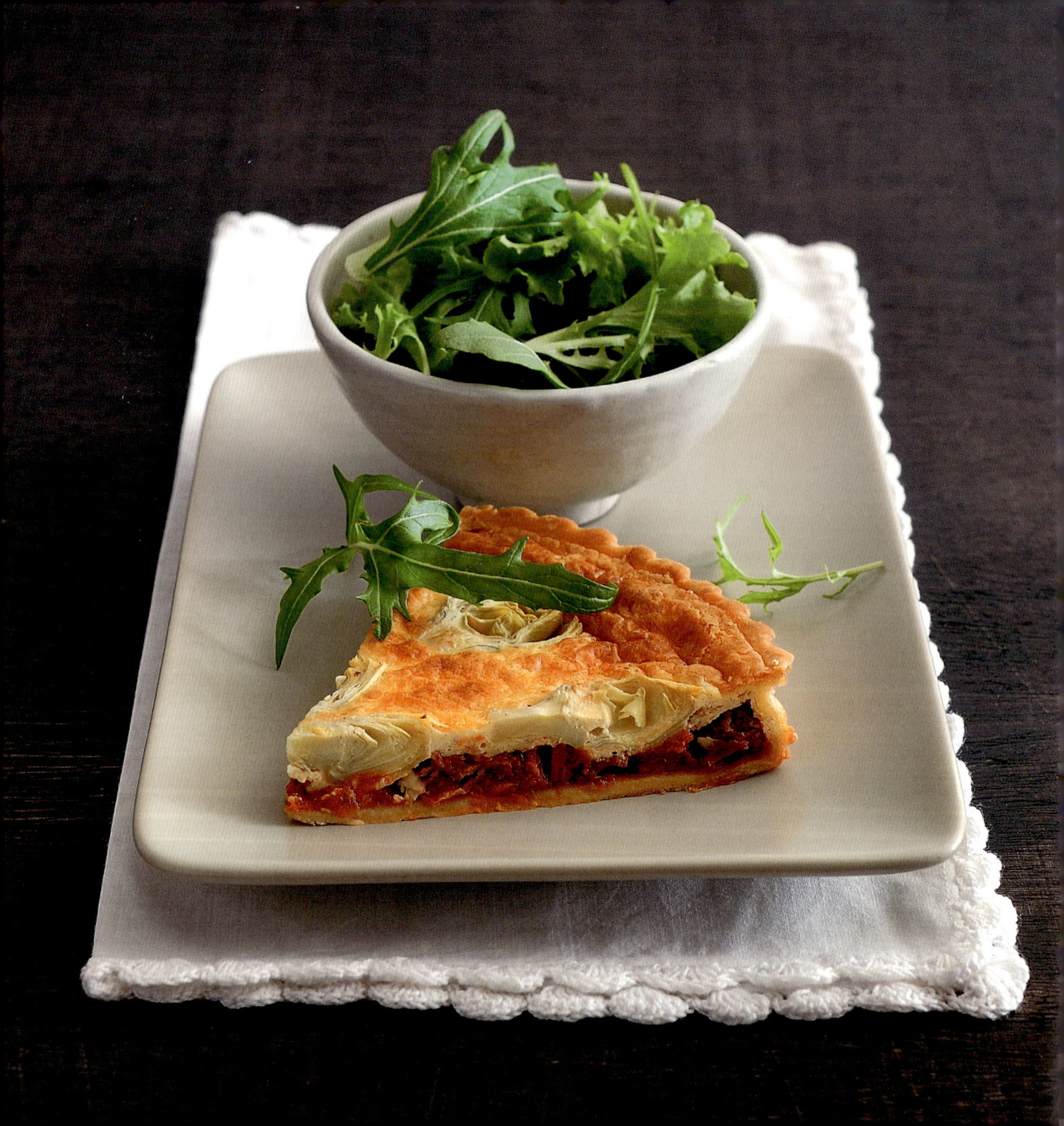

Quiche aux artichauts et aux tomates confites

Pour 6 personnes
Préparation : 30 minutes
Cuisson : 30 minutes

250 g de pâte brisée
2 tomates fraîches
15 cl de crème fleurette
3 œufs
15 g de beurre
150 g de tomates séchées confites à l'huile
6 petits cœurs d'artichauts au naturel
1 cuill. à café de fleur de thym
Sel et poivre du moulin

Les tomates confites sont tout d'abord séchées et conservées dans des petits bocaux avec de l'huile d'olive : c'est une spécialité que l'on trouve chez les marchands de produits italiens ou dans les rayons de sauces pour les pâtes.

- Étalez la pâte feuilletée dans un moule beurré de 26 cm de diamètre. Réservez à température ambiante.

- Préchauffez le four à 220 °C (th. 7-8).

- Égouttez les tomates séchées et coupez-les en petits morceaux. Ébouillantez et pelez les tomates fraîches, coupez-les en deux, retirez les graines et taillez la pulpe en petits dés. Mélangez-les avec les tomates confites.

- Égouttez les cœurs d'artichauts et coupez-les en deux. Mélangez-les avec la cuillère à café de fleur de thym.

- Sur le fond de tarte, répartissez le mélange aux tomates. Cassez les œufs dans un bol et ajoutez la crème, mélangez intimement, salez et poivrez. Versez délicatement ce mélange sur les tomates, puis ajoutez sur le dessus les demi-cœurs d'artichauts au thym, en les enfonçant légèrement dans le mélange aux œufs. Enfournez pour 30 minutes environ. Servez chaud ou tiède.

Les petits cœurs d'artichauts se trouvent également en conserve à l'huile ou au naturel, mais vous pouvez aussi utiliser des petits artichauts poivrades, que l'on mange généralement crus, à la croque au sel.

Quiche aux champignons et aux lardons

Pour 6 personnes
Préparation : 30 minutes
Repos : 1 heure
Cuisson : 45 minutes

Pour la pâte
250 g de farine
125 g de beurre
1 œuf
1 cuill. à soupe d'huile d'olive
Sel fin

Pour la garniture
800 g de champignons de Paris bien fermes
200 g de lardons demi-sel
30 cl de crème fraîche épaisse
2 œufs
75 g de beurre
4 cuill. à soupe de persil plat ciselé
Sel et poivre du moulin

En réunissant des champignons et des lardons dans la même quiche, on obtient une entrée savoureuse, surtout en ajoutant de petites girolles. Vous pouvez aussi utiliser des shiitakés, pour leur agréable goût légèrement fumé.

- Préparez la pâte brisée : dans un saladier, travaillez la farine, le beurre en parcelles, l'œuf, l'huile et une pincée de sel. Ajoutez éventuellement un peu d'eau pour détendre la pâte si elle est trop ferme. Roulez-la en boule, emballez-la de film alimentaire et réservez 1 heure au réfrigérateur.

- Coupez le pied terreux des champignons, lavez-les rapidement, puis essuyez-les soigneusement et émincez-les. Faites blanchir les lardons dans une casserole d'eau bouillante salée pendant 2 minutes, égouttez-les, épongez-les et réservez.

- Préchauffez le four à 210 °C (th. 7). Faites fondre 50 g de beurre dans une sauteuse, ajoutez les champignons et faites-les revenir pendant 5 minutes sur feu moyen en remuant régulièrement. Lorsqu'ils ont rendu leur eau de végétation, ajoutez 15 cl de crème fraîche et le persil. Salez, poivrez et poursuivez la cuisson pendant 10 minutes environ.

- Étalez la pâte et garnissez-en un moule bien beurré de 26 cm de diamètre. Piquez légèrement le fond et répartissez-y les lardons uniformément. Recouvrez-les de préparation aux champignons.

- Fouettez les œufs avec le reste de crème fraîche, versez le tout sur la garniture aux champignons, puis enfournez pour 30 minutes. Servez chaud.

Il est toujours préférable de faire blanchir les lardons avant emploi, non seulement pour les rendre moins salés, mais aussi plus tendres et plus moelleux.

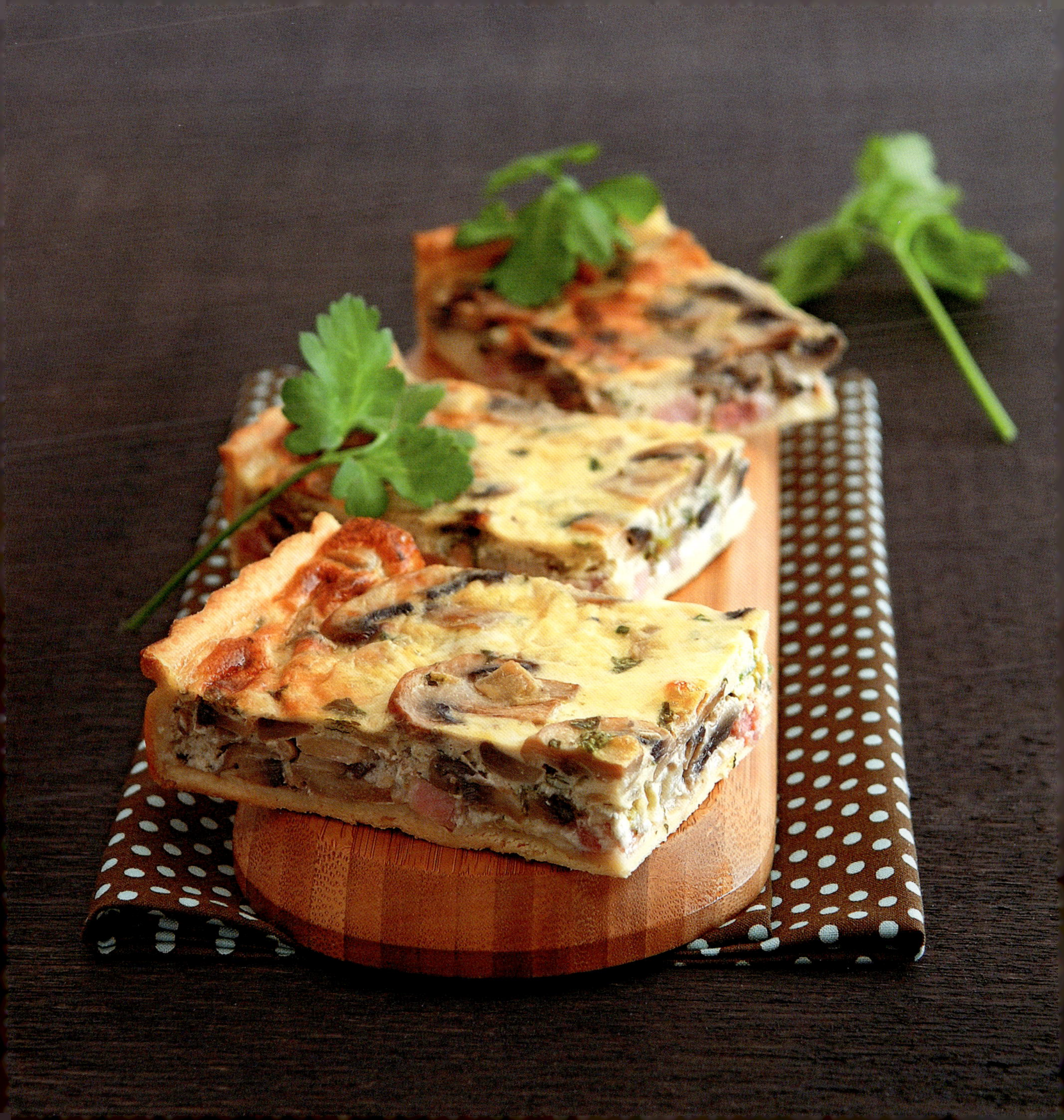

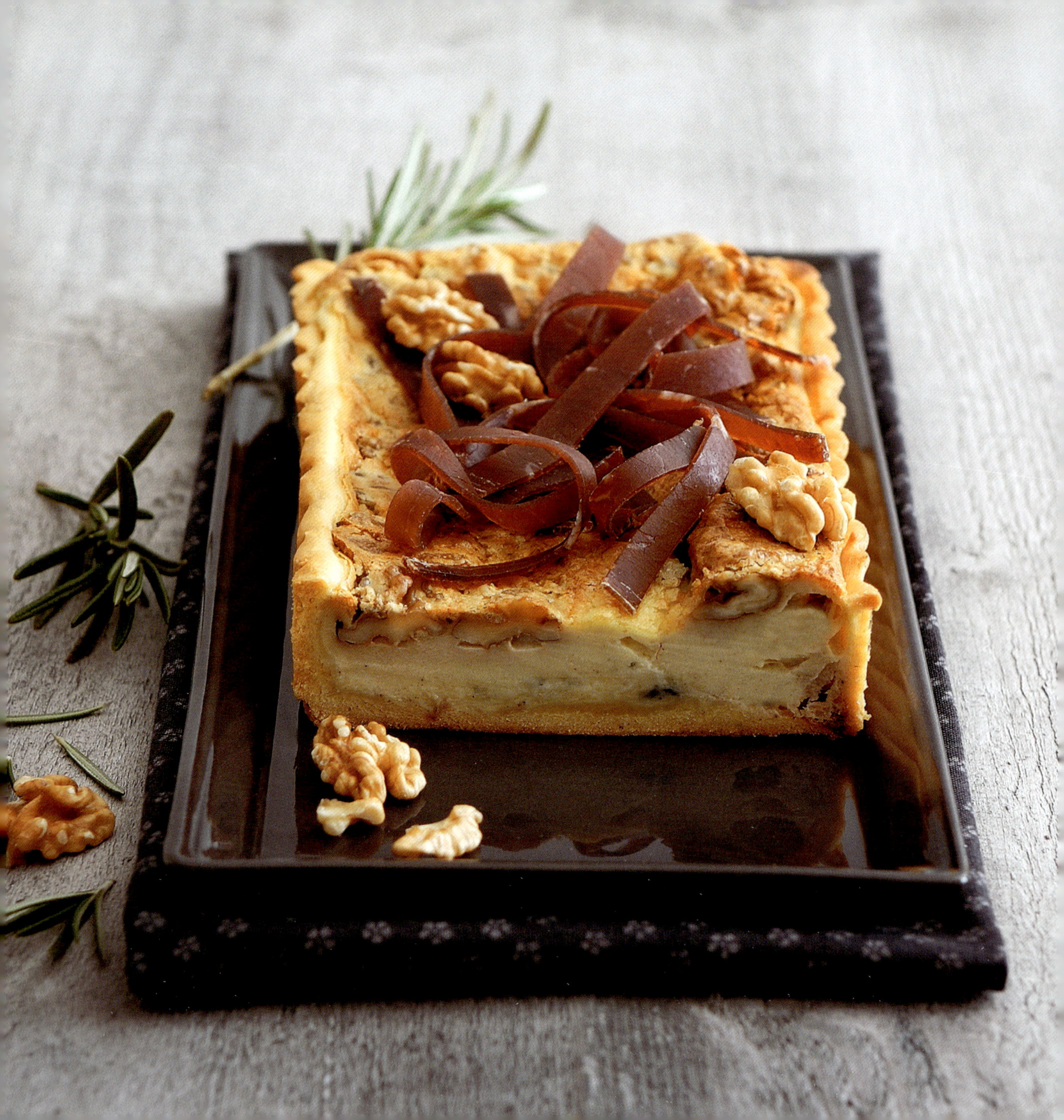

Quiche aux noix, au bleu et à la viande des Grisons

Pour 6 personnes
Préparation : 30 minutes
Repos : 1 heure
Cuisson : 30 minutes

Pour la pâte

250 g de farine
150 g de beurre
1 cuill. à soupe de cerneaux de noix, réduits en poudre
Sel fin

Pour la garniture

6 fines tranches de viande des Grisons
150 g de bleu d'Auvergne (ou de fourme, voire de gorgonzola)
4 œufs
25 cl de crème fraîche
25 cl de lait entier
25 g de beurre
75 g de cerneaux de noix
Sel et poivre du moulin

Le bleu, fromage à pâte persillée, généralement au lait de vache, apporte une saveur assez soutenue à une recette : sa présence est traditionnelle dans les quiches, les tartes, les feuilletés et autres préparations en pâte salées.

- Préparez la pâte : dans un saladier, travaillez la farine, le beurre en parcelles, quelques pincées de sel et 4 cuillerées à soupe d'eau froide. Ajoutez ensuite les noix réduites en poudre. Ramassez la pâte en boule, enveloppez-la de film alimentaire et réservez 1 heure au réfrigérateur.

- Préchauffez le four à 230 °C (th. 7-8).

- Émiettez le fromage dans un saladier, ajoutez les œufs battus en omelette, la crème et le lait. Fouettez ce mélange pendant 2 minutes jusqu'à obtention d'une consistance parfaitement homogène. Salez et poivrez.

- Étalez la pâte et garnissez-en un moule beurré de 26 cm de diamètre. Piquez légèrement le fond avec les dents d'une fourchette en prenant garde de ne pas traverser la pâte. Répartissez sur ce fond les cerneaux de noix grossièrement concassés, puis versez délicatement la garniture au bleu par-dessus.

- Enfournez pour 25 minutes. Sortez la quiche et disposez sur le dessus les tranches de viande des Grisons retaillées en deux dans la longueur. Enfournez à nouveau pour 5 minutes. Servez bien chaud.

La viande des Grisons suisse désigne de la viande de bœuf maigre, salée, pressée et séchée, que l'on achète sous forme cubique et qu'il convient de détailler en tranches très fines. La « bresaola » du nord de l'Italie est très voisine mais se différencie de la viande des Grisons par sa coupe ronde et sa durée de conservation plus courte.

Quiche aux trois fromages

Pour 6 personnes
Préparation : 20 minutes
Cuisson : 30 minutes

250 g de pâte brisée
20 cl de crème fraîche épaisse
15 cl de crème fleurette
2 œufs + 2 jaunes
20 g de beurre
100 g de saint-nectaire sans croûte
135 g de cantal sans croûte
100 g de murol sans croûte
Sel et poivre du moulin

L'automne est la saison où les fromages sont au mieux de leur forme. C'est l'occasion de choisir des associations hautes en saveur qui offriront à votre quiche un relief particulier. Donnez la priorité à des mariages régionaux, fromages de Savoie, d'Auvergne ou du Jura…

- Étalez la pâte brisée et garnissez-en un moule à tarte beurré de 26 cm de diamètre. Piquez légèrement le fond avec une fourchette et réservez au frais. Taillez le saint-nectaire et le murol en petits dés. Râpez ou émiettez grossièrement le cantal.

- Préchauffez le four à 210 °C (th. 7).

- Dans une jatte, mélangez les œufs et les jaunes, la crème épaisse et la crème fleurette, salez modérément et poivrez. Incorporez la moitié du cantal et fouettez pendant 2 minutes, jusqu'à obtention d'une consistance bien homogène.

- Répartissez sur le fond de tarte les dés de saint-nectaire et de murol. Versez délicatement la préparation aux œufs par-dessus, puis ajoutez le reste de cantal émietté. Enfournez pour 30 minutes, jusqu'à ce que le dessus soit uniformément doré.

Pour le choix des fromages, on peut également puiser dans le répertoire des spécialités étrangères, avec le stilton, le derby et le chester pour l'Angleterre, le pecorino, la fontina ou le taleggio pour l'Italie.

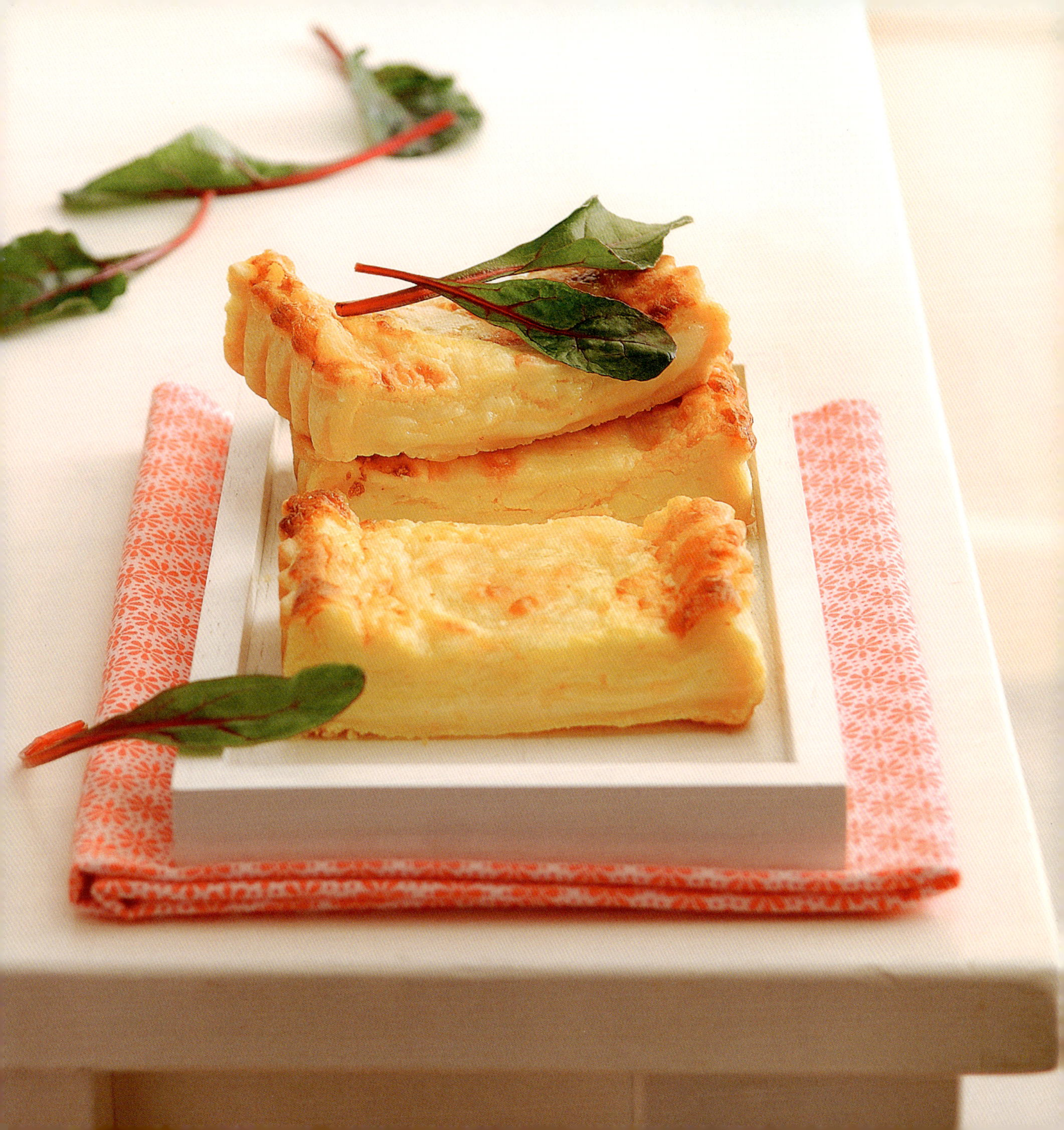

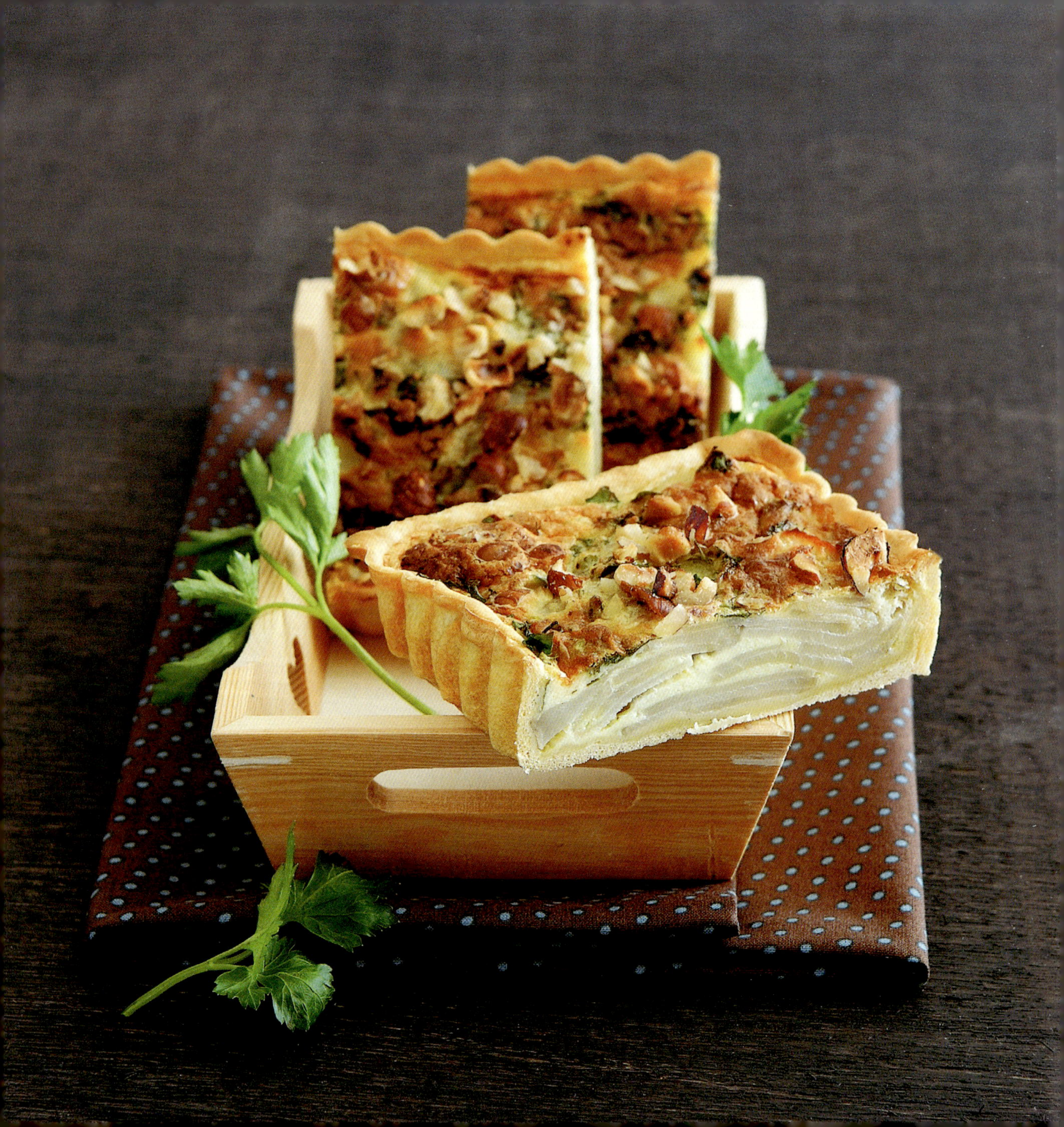

Quiche aux topinambours et aux noisettes

Pour 6 personnes
Préparation : 30 minutes
Repos : 1 heure
Cuisson : 50 minutes

Pour la pâte brisée
250 g de farine
125 g de beurre
1 jaune d'œuf
1 cuill. à soupe d'armagnac
Sel fin

Pour la garniture
800 g de topinambours
30 cl de crème fleurette
3 œufs
30 cl de lait
55 g de beurre
2 cuill. à soupe de parmesan râpé
1 citron
2 gousses d'ail
200 g de noisettes
2 cuill. à soupe de persil plat ciselé
Quelques haricots secs
Sel et poivre du moulin

Le topinambour est un légume méconnu qui possède une délicate saveur d'artichaut. En le faisant précuire avec un peu de lait et de persil, on obtient une garniture originale pour cette quiche aux noisettes.

- Préparez la pâte brisée : dans un saladier, travaillez la farine, le beurre, 2 pincées de sel et le jaune d'œuf. Amalgamez le tout avec 2 cuillerées à soupe d'eau et l'armagnac. Mélangez, ramassez la pâte en boule, enveloppez-la de film alimentaire et placez-la 1 heure au réfrigérateur.

- Préchauffez le four à 180 °C (th. 6).

- Pelez les topinambours, lavez-les et émincez-les en les mettant au fur et à mesure dans une jatte pleine d'eau citronnée. Faites fondre 25 g de beurre dans une sauteuse, ajoutez les lamelles de topinambours bien égouttées et faites-les revenir pendant 3 minutes. Ajoutez ensuite le lait et les gousses d'ail pelées et pressées. Portez à ébullition et laissez cuire pendant 5 minutes. Retirez du feu et réservez.

- Étalez la pâte et garnissez-en un moule beurré de 26 cm de diamètre. Piquez le fond avec une fourchette, garnissez de haricots secs et enfournez pour 15 minutes.

- Battez les œufs avec la crème, le persil et le parmesan. Ajoutez les topinambours avec un peu de leur liquide de cuisson, puis les noisettes grossièrement concassées. Salez et poivrez. Versez le tout sur le fond de tarte et enfournez pour 35 minutes environ.

En incorporant un peu d'alcool dans la pâte à tarte (1 cuillerée à soupe de rhum, de cognac ou d'armagnac), on ajoute une saveur supplémentaire en parfait accord avec les parfums de l'automne.

Quiche aux endives et au saumon fumé

Pour 6 personnes
Préparation : 30 minutes
Repos : 30 minutes
Cuisson : 50 minutes

Pour la pâte brisée
250 g de farine
125 g de beurre
Sel fin

Pour la garniture
250 g de saumon fumé
3 endives
12 cl de crème fraîche
3 œufs
10 cl de lait
50 g de beurre
Sel et poivre du moulin

Pour cette quiche, utilisez éventuellement des miettes de saumon. Si possible, évitez celui d'origine canadienne souvent très sec et salé : choisissez plutôt du danois ou du norvégien.

- Préparez la pâte brisée : dans un saladier, travaillez la farine, le beurre ramolli, une pincée de sel et 3 à 4 cuillerées à soupe d'eau froide. Une fois homogène, ramassez la pâte en boule, emballez-la dans du film alimentaire et placez-la au frais pendant 30 minutes.

- Préchauffez le four à 220 °C (th. 7-8).

- Coupez les endives en deux, retirez le cône amer situé à la base et émincez-les grossièrement dans le sens de la longueur. Faites chauffer 25 g de beurre dans une sauteuse, ajoutez les endives et faites-les fondre doucement en remuant pendant 10 à 12 minutes. Taillez 180 g de saumon en petites miettes ou « lardons » et le reste en languettes.

- Cassez les œufs dans une jatte, ajoutez la crème, le lait et la moitié des miettes de saumon. Salez et poivrez. Étalez la pâte et garnissez-en un moule beurré de 26 cm de diamètre. Répartissez sur ce fond les endives parfaitement égouttées, puis le reste des miettes de saumon. Versez enfin la préparation aux œufs par-dessus et enfournez pour 25 minutes. Sortez la quiche et disposez les languettes de saumon réservées sur le dessus. Enfournez à nouveau pour 8 à 10 minutes. Servez chaud.

Les endives n'ont pas besoin d'être lavées si elles sont bien blanches, mais prenez soin de retirer le petit cône situé à la base qui donnerait trop d'amertume à la préparation.

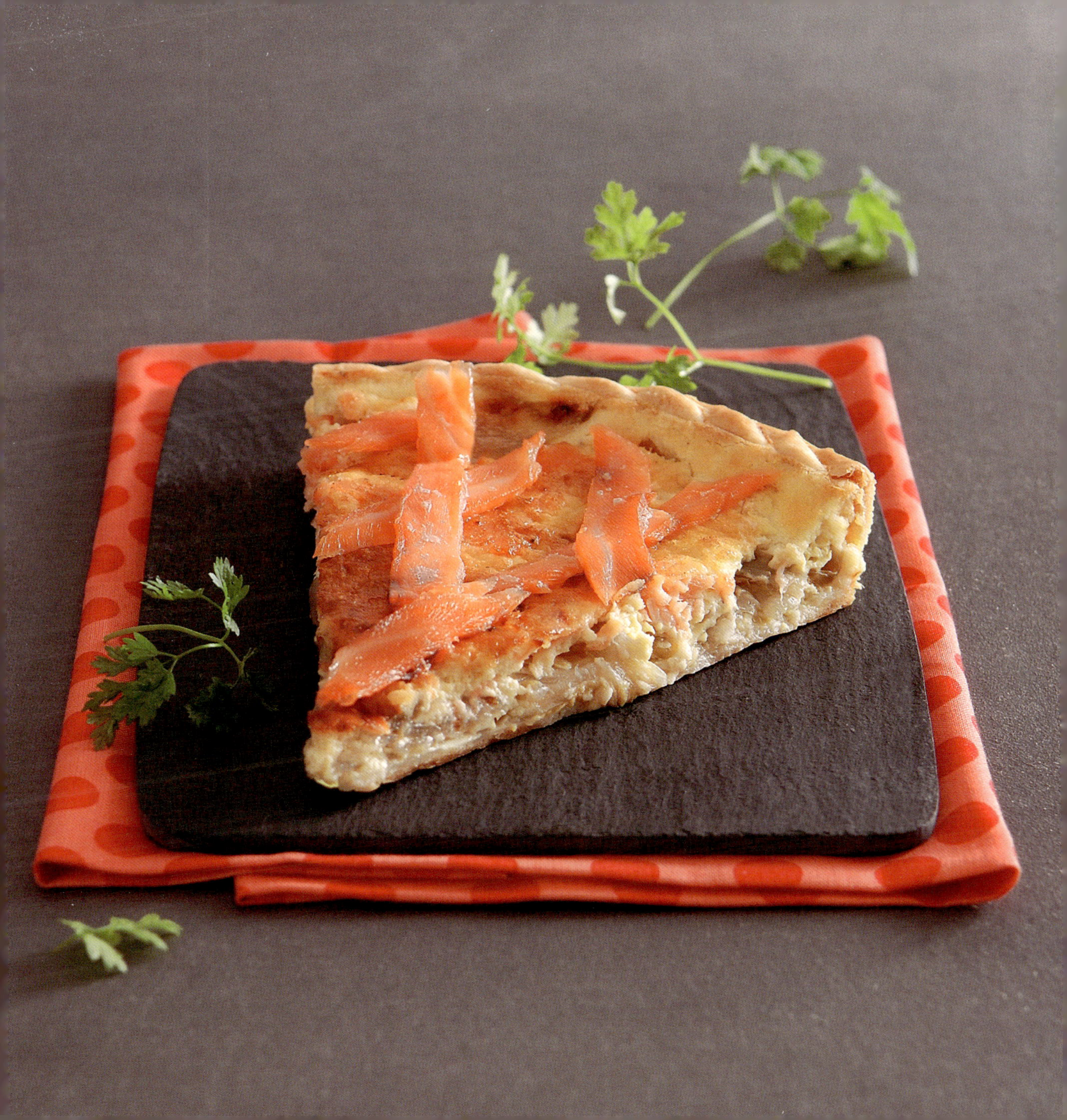

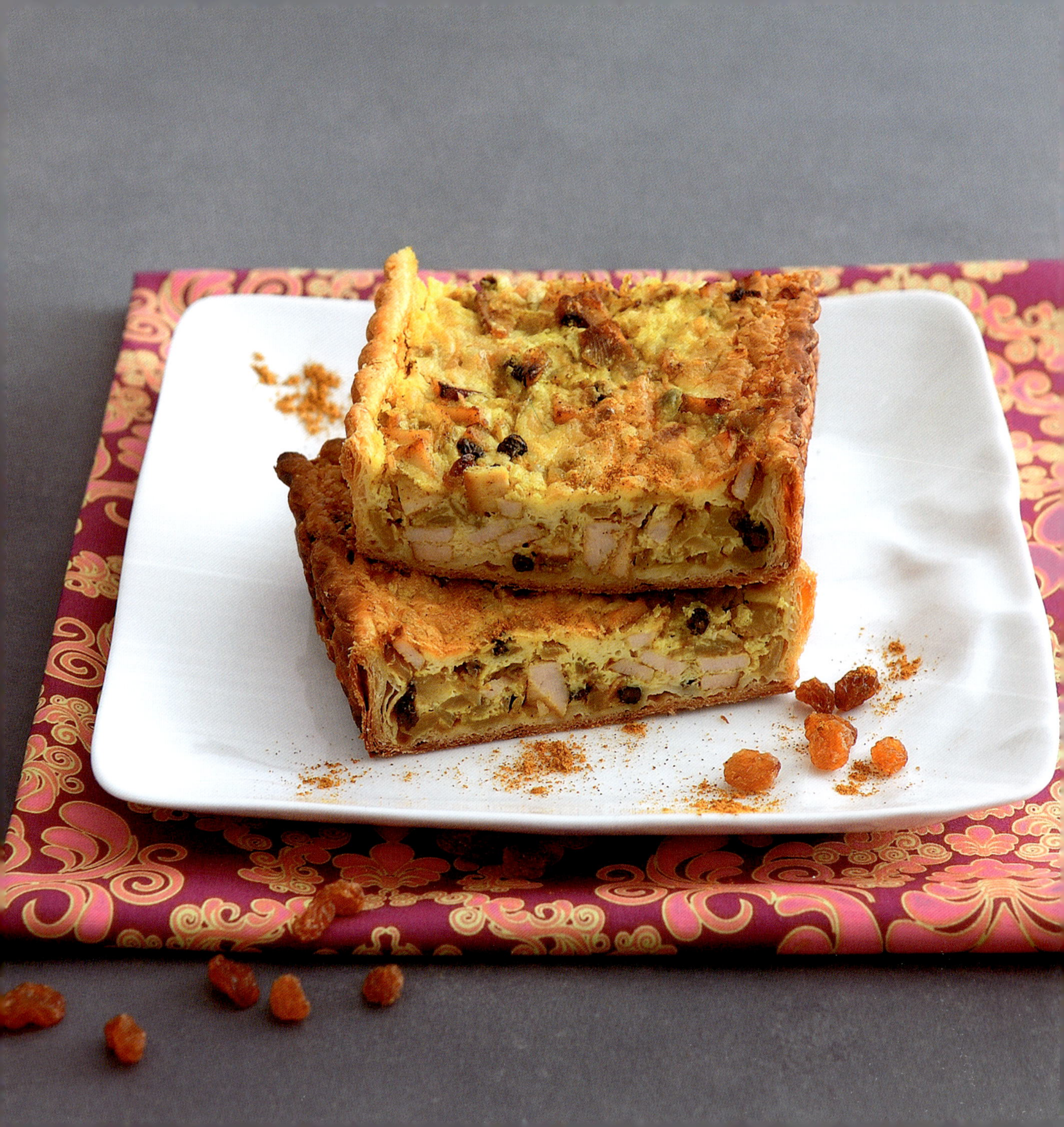

Quiche à la dinde et aux raisins secs

Pour 4 personnes
Préparation : 30 minutes
Repos : 30 minutes
Cuisson : 30 minutes

1 rouleau de pâte feuilletée
200 g de rôti de dinde fumé
15 cl de crème fleurette
2 œufs
30 g de beurre
10 cl de jus d'orange
2 oignons doux
2 cuill. à soupe bombées de raisins secs
½ cuill. à café de curry doux
Sel et poivre du moulin

Le mélange de dinde fumée, de raisins secs, de curry et d'orange apporte une note légèrement exotique à une préparation qui reste pourtant traditionnelle dans sa présentation. On peut également ajouter à la garniture une cuillerée à soupe de pignons de pin ou d'amandes effilées légèrement grillées.

• Mettez les raisins secs dans un bol, versez le jus d'orange tiède par-dessus et laissez reposer 30 minutes environ. Pelez et émincez finement les oignons. Détaillez le rôti de dinde en petits dés et roulez-les dans le curry. Réservez.

• Préchauffez le four à 220 °C (th. 7-8).

• Faites fondre le beurre dans une poêle, ajoutez les oignons et faites-les revenir pendant 10 minutes, en remuant régulièrement. Retirez-les du feu et mélangez-les avec les dés de dinde au curry, salez et poivrez.

• Battez les œufs en omelette dans un bol en ajoutant la crème fleurette. Garnissez un grand moule à tarte avec la pâte feuilletée, puis répartissez les raisins secs égouttés sur le fond. Ajoutez le mélange d'oignons à la dinde, puis versez la préparation aux œufs par-dessus.

• Enfournez pour 25 minutes, puis laissez la quiche dans le four éteint pendant encore 5 minutes. Servez chaud.

Les raisins secs qui conviennent le mieux ici sont les petits raisins secs blonds sans pépins. Prenez le temps de les faire gonfler dans le jus d'orange pendant au moins 30 minutes afin qu'ils en absorbent le parfum.

Quiche aux huîtres, aux moules et aux crevettes

Pour 6 personnes
Préparation : 30 minutes
Repos : 45 minutes
Cuisson : 40 minutes

300 g de pâte brisée
150 g de queues de crevettes cuites décortiquées
1,5 l de moules de bouchot nettoyées
20 huîtres creuses assez charnues
25 cl de crème fraîche épaisse
3 œufs
40 g de beurre
2 échalotes
10 cl de vin blanc sec
Noix muscade fraîchement râpée
Quelques haricots secs
Sel et poivre du moulin

Cette spécialité de la côte normande réunit des moules, des huîtres et des crevettes dans un onctueux mélange de crème fraîche et d'œufs.

- Graissez un moule à tarte de 26 à 30 cm de diamètre avec 20 g de beurre. Étalez la pâte brisée sur 4 mm d'épaisseur et garnissez-en le moule. Piquez le fond avec les dents d'une fourchette et réservez au frais pendant 45 minutes.

- Préchauffez le four à 220 °C (th. 7-8) et recouvrez le fond de tarte de haricots secs. Enfournez pour 10 minutes et réservez.

- Pelez les échalotes, hachez-les grossièrement et faites-les revenir sur feu vif dans une grande casserole pendant 2 minutes avec le reste de beurre. Ajoutez les moules et le vin blanc, salez et poivrez. Couvrez et laissez cuire pendant 6 à 8 minutes sur feu vif, jusqu'à ce que toutes les moules soient ouvertes. Égouttez-les et décoquillez-les. Filtrez ensuite le jus de cuisson et réservez.

- Ouvrez les huîtres, plongez-les dans une casserole de 10 cl d'eau et faites frémir pendant 5 minutes, puis égouttez-les soigneusement. Sur le fond de tarte précuit, répartissez les moules, les huîtres et les crevettes.

- Mélangez la crème fraîche avec le jus filtré des moules, les œufs battus en omelette et quelques pincées de noix muscade. Versez ce mélange sur les fruits de mer, puis enfournez pour 20 minutes. Baissez la température à 190 °C (th. 6-7) et poursuivez la cuisson pendant encore 20 minutes. Servez chaud.

La noix muscade râpée est ici aussi indispensable que le poivre et le sel, car son parfum se marie très bien avec la sauce à la crème. Râpez-la au dernier moment, à l'aide d'une petite râpe spéciale.

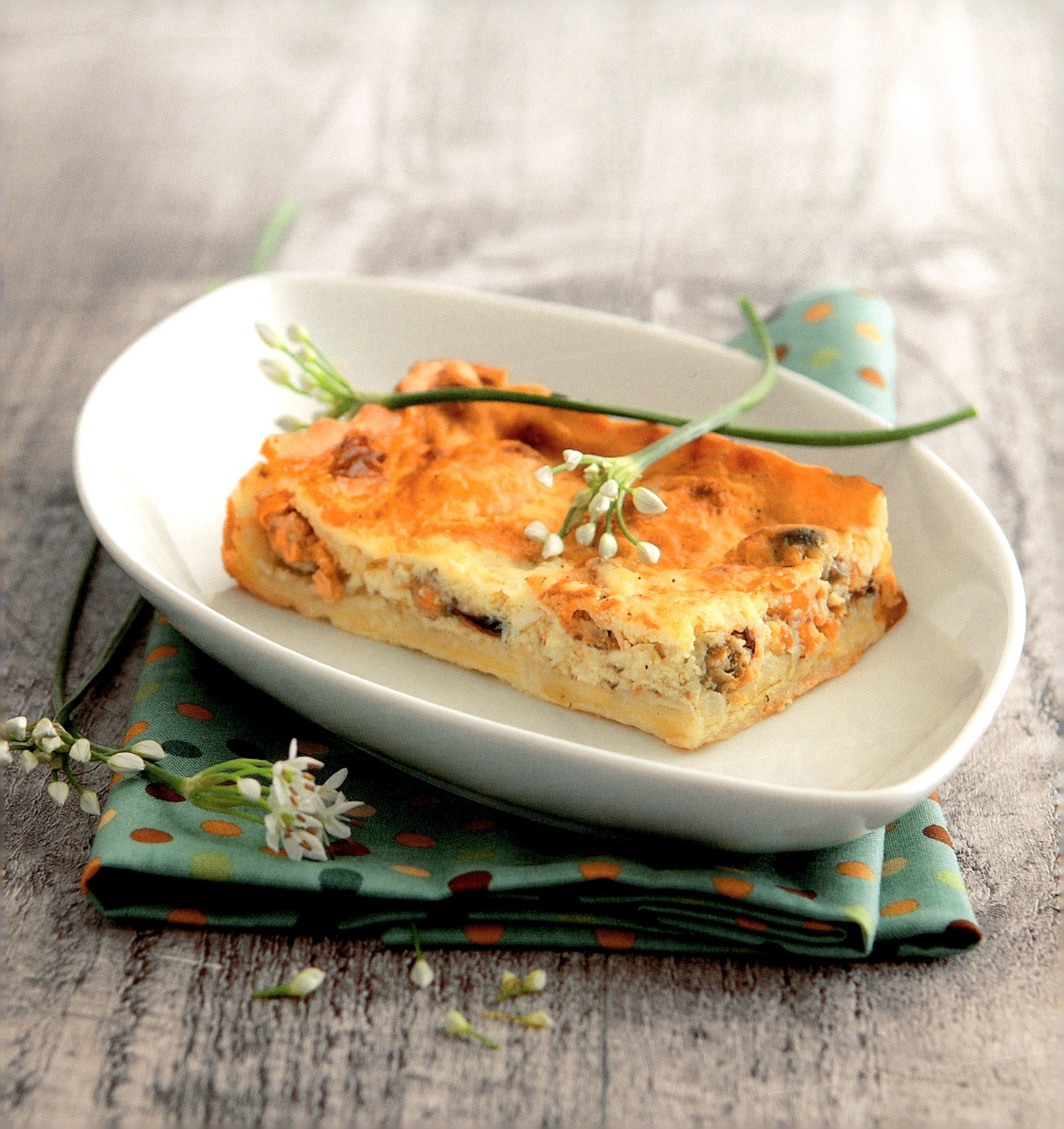

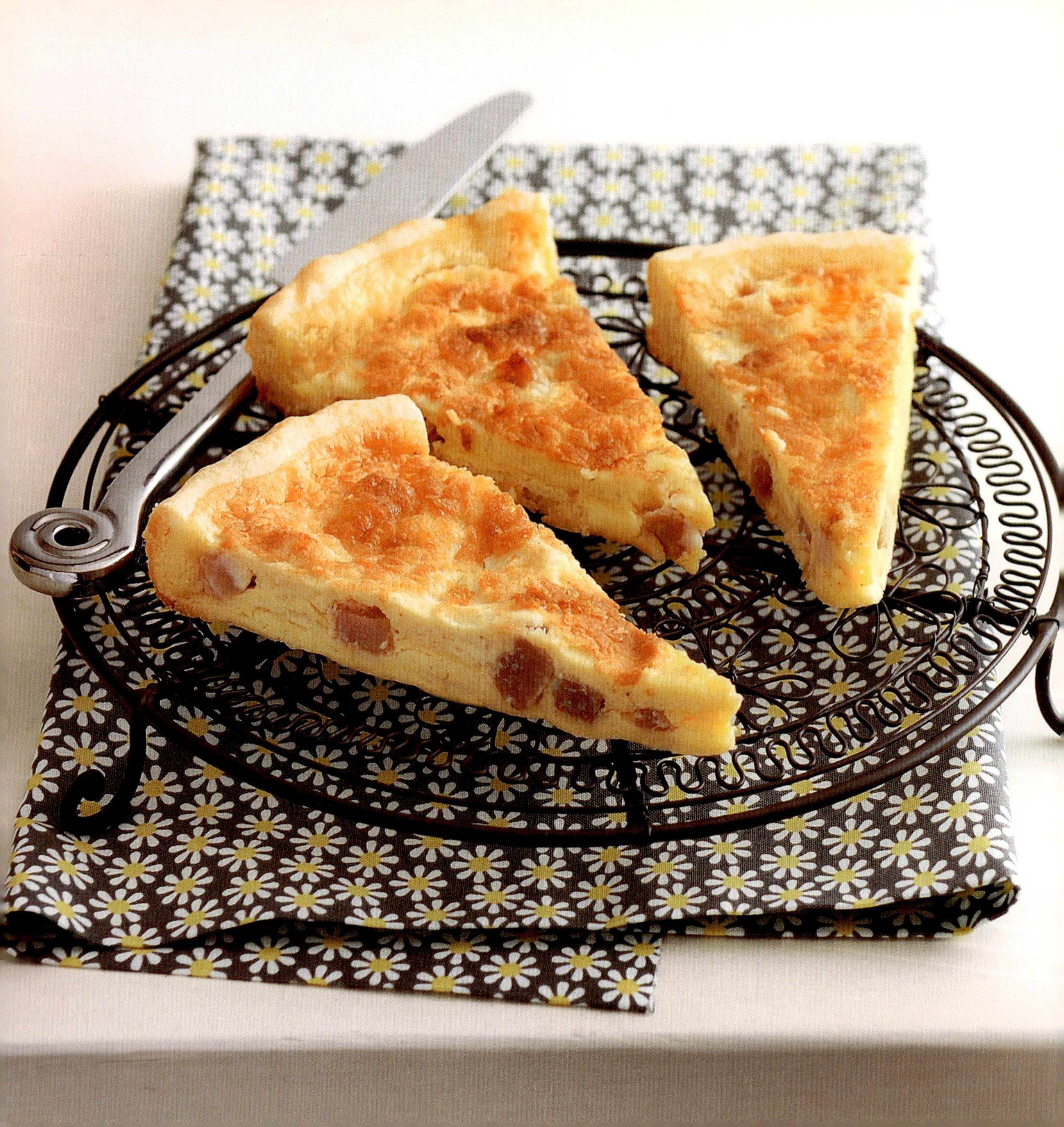

Quiche lorraine

Pour 6 personnes
Préparation : 30 minutes
Repos : 1 heure
Cuisson : 45 minutes

Pour la pâte brisée
250 g de farine
125 g de beurre
1 œuf
Sel fin

Pour la garniture
250 g de poitrine de lard demi-sel
30 cl de crème fraîche épaisse
4 œufs
30 g de beurre
3 cuill. à soupe de farine
Noix muscade
Quelques haricots secs
Sel et poivre du moulin

C'est le modèle de base de toutes les quiches et leurs variantes. Si elle n'est pas très difficile à réaliser, il faut tout de même respecter les proportions exactes et la manière de faire pour obtenir une véritable spécialité lorraine !

- Préparez la pâte brisée : dans un saladier, travaillez la farine, le beurre, une pincée de sel, l'œuf et 3 cuillerées à soupe d'eau froide. Lorsque la pâte est homogène, roulez-la en boule, enveloppez-la de film alimentaire et placez-la environ 1 heure au réfrigérateur.

- Préchauffez le four à 200 °C (th. 6-7).

- Graissez (avec 15 g de beurre) et farinez une tourtière de 24 cm de diamètre à rebord moyennement haut. Étalez la pâte sur 4 à 5 mm d'épaisseur et garnissez-en la tourtière. Piquez le fond avec une fourchette, versez-y les haricots secs et enfournez pour 15 minutes environ. Sortez le fond de tarte et jetez les haricots. Réservez.

- Taillez la poitrine de lard en petits lardons après en avoir retiré la couenne. Faites-les blanchir dans une casserole d'eau bouillante pendant 5 minutes, puis égouttez-les, rafraîchissez-les et épongez-les. Faites-les ensuite rissoler légèrement dans une poêle avec le reste de beurre. Répartissez régulièrement les lardons sur le fond de tarte, puis réservez.

- Battez les œufs en omelette dans une jatte. Incorporez la crème fraîche en mélangeant intimement. Salez légèrement, poivrez et ajoutez quelques pincées de noix muscade. Versez délicatement cette préparation sur les lardons, puis enfournez pour 30 minutes. Servez brûlant.

Pour une quiche lorraine bien réussie, la garniture arrive pratiquement jusqu'en haut de la croûte et présente une surface bien lisse, joliment dorée par endroits. Il est impératif de la servir bien chaude. Accompagnez éventuellement d'un vin blanc sec.

Quiche savoyarde

Pour 4 à 6 personnes
Préparation : 20 minutes
Cuisson : 25 minutes
250 g de pâte brisée
12 lamelles de jambon fumé
150 g de beaufort
20 cl de crème fraîche épaisse
3 œufs
20 g de beurre
Noix muscade
Sel et poivre blanc

La Savoie est réputée pour ses fromages de haute saveur qui apportent à une quiche classique une autre dimension : le mélange de crème fraîche et d'œufs dont on recouvre les ingrédients doit être bien assaisonné. Si vous préparez la pâte brisée vous-même, laissez-la reposer en boule au moins 1 heure avant de l'étaler.

- Préchauffez le four à 240 °C (th. 8).

- Étalez la pâte brisée et garnissez-en une tourtière ou un moule à tarte beurré. Retirez la croûte du fromage et détaillez-le en fines lamelles régulières.

- Faites chauffer le beurre dans une poêle, déposez-y les lamelles de jambon fumé et faites-les rissoler rapidement pendant quelques minutes.

- Garnissez le fond de tarte de lamelles de fromage et disposez celles de jambon rissolé par-dessus.

- Dans un bol, mélangez les œufs et la crème fraîche, salez, poivrez et ajoutez quelques pincées de noix muscade. Versez doucement cette préparation sur le fond de tarte garni et enfournez pour 10 minutes. Baissez la température du four à 220 °C (th. 7) et poursuivez la cuisson pendant 15 minutes environ. Servez chaud.

On peut remplacer les lamelles de jambon fumé par de simples lardons fumés. Le beaufort d'alpage est un fromage à pâte cuite ferme et souple à la fois, à la saveur fruitée et florale. Vous pouvez également utiliser du comté : dans ce cas, ce sera une quiche « jurassienne ».

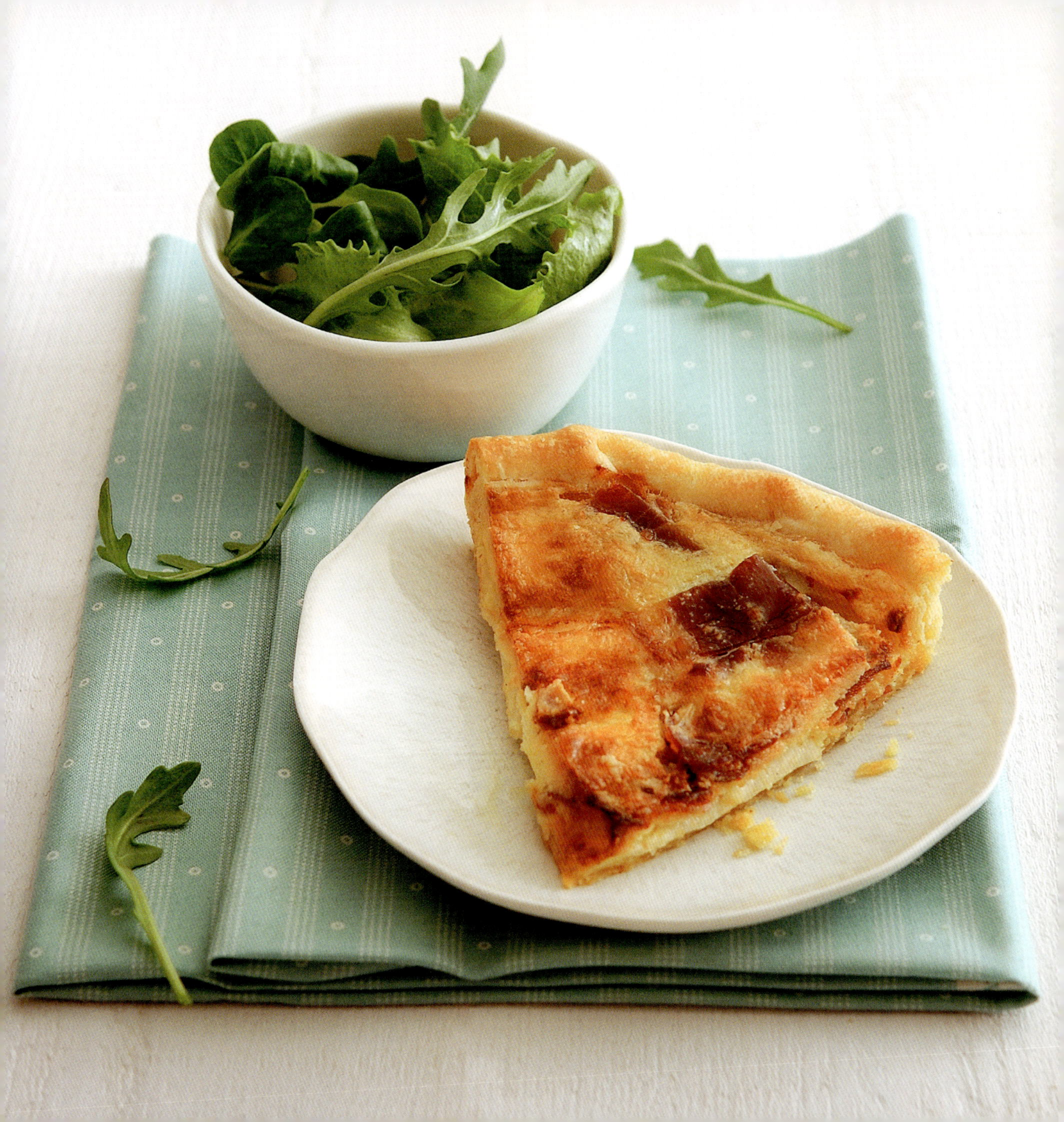

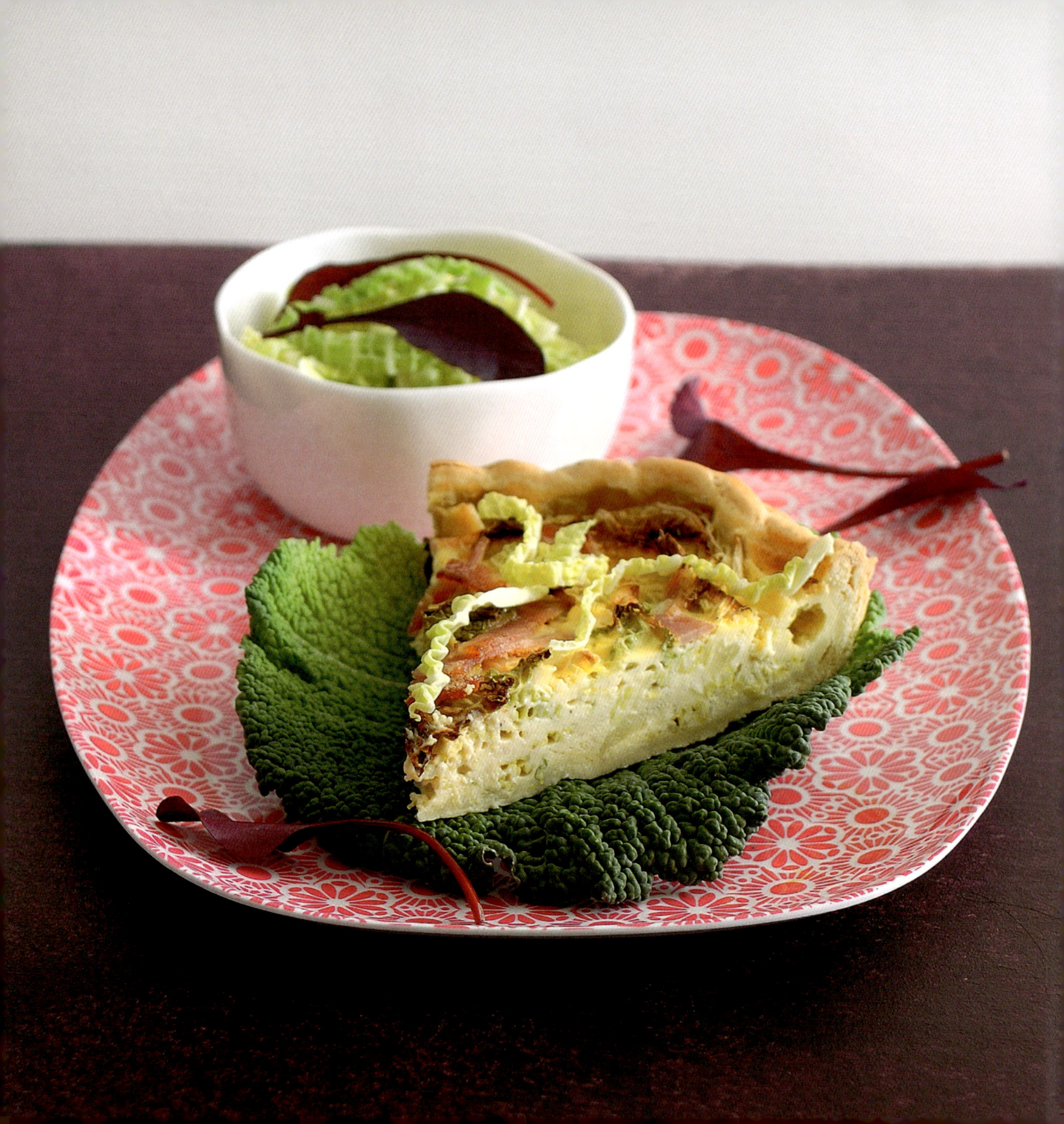

Quiche au jambon à l'os et au chou

Pour 6 personnes
Préparation : 30 minutes
Cuisson : 30 minutes

250 g de pâte brisée
3 belles tranches de jambon à l'os
300 g de cœur de chou frisé
20 cl de crème fraîche épaisse
3 gros œufs
30 g de beurre
Sel et poivre du moulin

Le jambon à l'os possède une saveur particulière : le meilleur est le York, étuvé et légèrement salé ; le jambon dit « de Prague » est également savoureux, mais généralement fumé. Il se marie parfaitement avec le chou frisé.

- Étalez la pâte brisée et garnissez-en une tourtière ou un moule à tarte beurré avec la moitié du beurre. Réservez au frais.

- Préchauffez le four à 200 °C (th. 6-7).

- Lavez le chou, égouttez-le, taillez-le en lanières et épongez-les soigneusement en les pressant dans un torchon. Faites chauffer le reste de beurre dans une grande poêle et placez-y les lanières de chou. Faites-les revenir en remuant pendant 8 à 10 minutes, afin de les colorer légèrement. Salez et poivrez, retirez du feu et réservez.

- Retirez la couenne des tranches de jambon et taillez-les en languettes. Mélangez-les avec les lanières de chou.

- Dans un grand bol, cassez les œufs, ajoutez la crème, salez légèrement et poivrez, puis mélangez en fouettant jusqu'à consistance homogène.

- Sur le fond de tarte, répartissez les lanières de chou et les languettes de jambon en formant une couche régulière. Versez par-dessus le mélange d'œufs à la crème, en laissant dépasser ici et là le chou et le jambon. Donnez un tour de moulin à poivre et enfournez pour 30 minutes environ.

Le mélange de chou et de jambon est un classique des recettes hivernales. Pour changer, vous pouvez utiliser de fines lamelles de jambonneau et remplacer le chou frisé par du chou blanc finement émincé.

Quiches hivernales

Quiche aux pétoncles et aux Saint-Jacques

Pour 4 personnes
Préparation : 30 minutes
Repos : 1 heure
Cuisson : 30 minutes

Pour la pâte brisée
200 g de farine
100 g de beurre
Sel fin

Pour la garniture
8 belles coquilles Saint-Jacques, sans le corail
200 g de petites noix de pétoncles
20 cl de crème fleurette
3 œufs
10 cl de lait entier
20 g de beurre
1 mesure de safran
4 cuill. à soupe de persil et d'aneth ciselés mélangés
Quelques haricots secs
Sel et poivre du moulin

Pour une entrée raffinée, le mariage des coquilles Saint-Jacques et des pétoncles dans cette quiche parfumée au safran est des plus réussis.

- Préparez la pâte brisée : dans un saladier, travaillez la farine, le beurre, 2 cuillerées à soupe d'eau froide et une pincée de sel. Ramassez la pâte en boule, emballez-la dans du film alimentaire et réservez 1 heure au réfrigérateur.

- Préchauffez le four à 200 °C (th. 6-7).

- Faites tremper les Saint-Jacques et les pétoncles dans un plat creux avec le lait additionné du safran et d'un peu de poivre pendant 20 minutes. Dans un grand bol, fouettez les œufs et la crème, salez légèrement et poivrez. Égouttez les noix de coquillages et ajoutez le lait safrané au mélange.

- Étalez la pâte pour en garnir un moule beurré de 22 cm de diamètre. Garnissez de haricots secs et enfournez pour 15 minutes. Retirez les haricots à la sortie du four.

- Disposez les Saint-Jacques et les pétoncles sur le fond de tarte. Versez le mélange aux œufs par-dessus et ajoutez le persil et l'aneth. Enfournez à nouveau pour 15 minutes. Laissez reposer quelques minutes avant de déguster bien chaud.

Les coquilles Saint-Jacques et les pétoncles, s'ils sont surgelés, permettent de réaliser cette recette en toutes saisons. Faites-les décongeler à température ambiante et épongez-les bien avant de les utiliser.

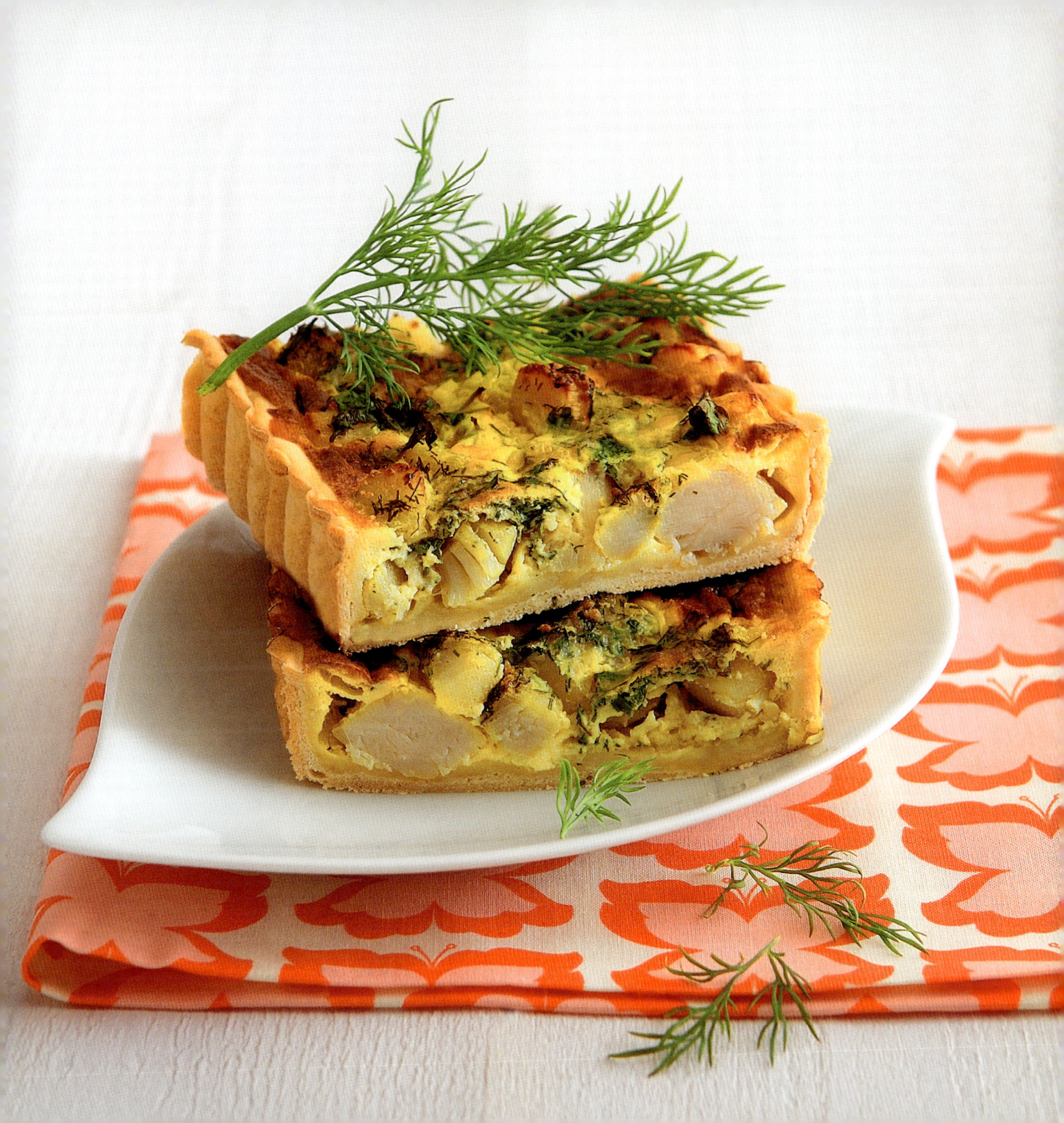

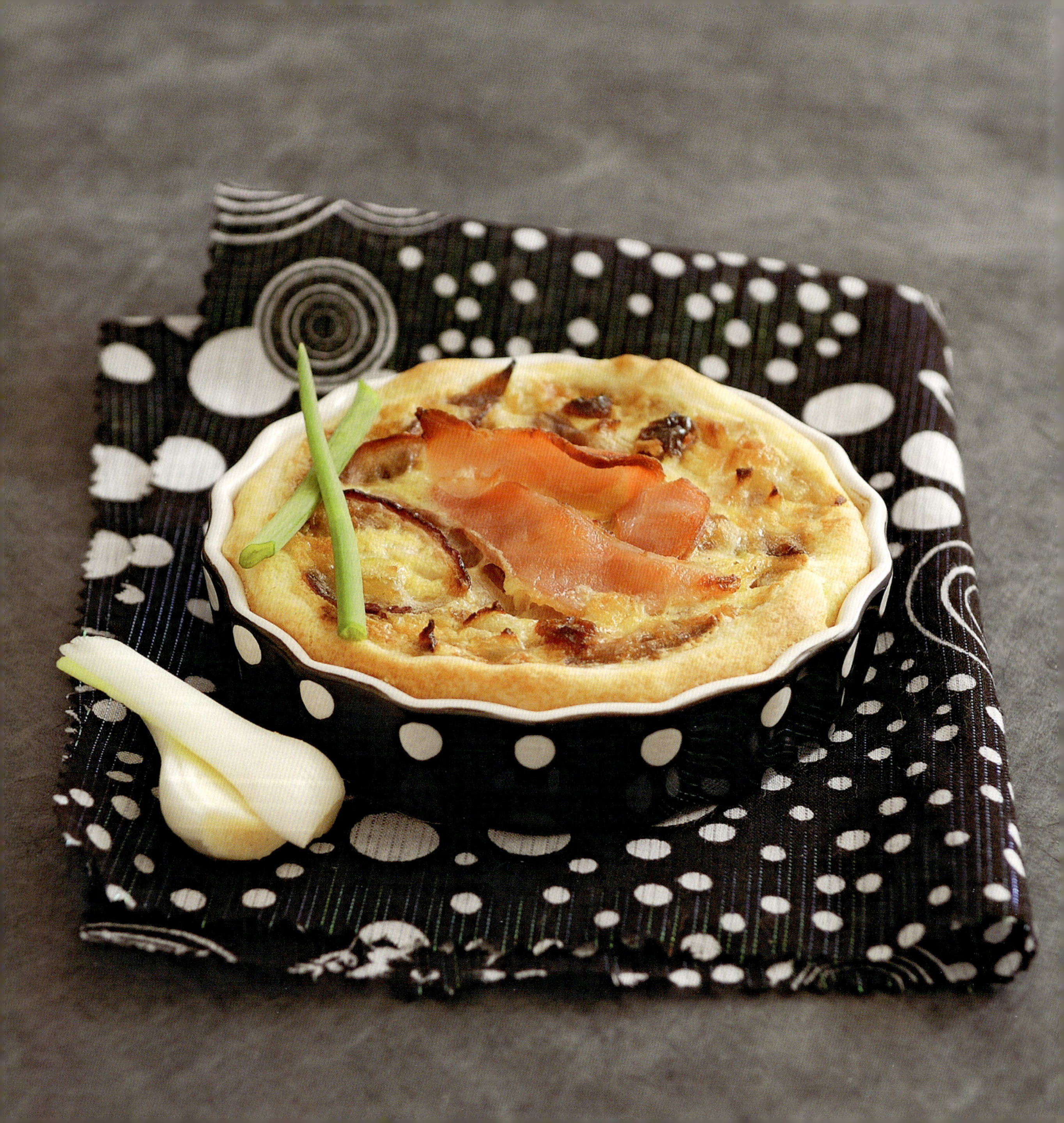

Quiche aux trois oignons et au bacon

Pour 4 personnes
Préparation : 30 minutes
Cuisson : 30 minutes
250 g de pâte feuilletée ou brisée
4 fines tranches de bacon fumé
15 cl de crème fleurette
3 œufs
30 g de beurre
1 gros oignon rouge
1 gros oignon jaune
1 gros oignon blanc
30 g de petits raisins secs
1 pincée de cannelle
Sel et poivre du moulin

C'est en associant plusieurs variétés d'oignons avec quelques tranches de bacon fumé, le tout complété par quelques raisins secs et une pincée de cannelle que l'on obtient une garniture à la fois douce et relevée, parfaite pour un dîner d'hiver avec une salade de chicorée frisée.

• Étalez la pâte, garnissez-en 4 moules à tartelettes beurrés de 12 à 15 cm de diamètre et réservez.

• Préchauffez le four à 220 °C (th. 7-8).

• Placez les raisins secs dans un bol, couvrez-les d'eau chaude et laissez gonfler. Pelez et émincez très finement les oignons. Faites-les revenir dans une poêle avec le beurre pendant 10 minutes environ. Ajoutez les raisins secs égouttés et la cannelle. Mélangez et retirez du feu.

• Battez les œufs et la crème dans une jatte, salez et poivrez.

• Répartissez le mélange aux oignons sur les fonds de tartelettes, versez la préparation aux œufs par-dessus, puis déposez une tranche de bacon en l'enfonçant légèrement. Enfournez pour 15 minutes, puis éteignez le four et laissez les quiches reposer au chaud pendant 5 minutes avant de servir.

Vous pouvez remplacer les raisins secs par des pignons de pin.

Quiche au maroilles et aux pommes de terre

Pour 6 personnes
Préparation : 30 minutes
Repos : 1 heure
Cuisson : 45 minutes

Pour la pâte brisée
250 g de farine
125 g de beurre
½ cuill. à café de sel fin

Pour la garniture
3 pommes de terre à chair ferme
250 g de maroilles
150 g de fromage frais bien ferme
3 œufs
55 g de beurre
Noix muscade fraîchement râpée
Sel et poivre du moulin

Le maroilles est un fromage du Nord, fait de lait de vache, en forme de gros pavé carré, de saveur corsée et au bouquet affirmé. Il entre dans la préparation de plusieurs spécialités régionales, comme la goyère, sorte de tarte au maroilles, que l'on accompagne de bière.

- Préparez la pâte brisée : dans un saladier, travaillez la farine, le beurre, le sel et 3 à 4 cuillerées à soupe d'eau. Étalez la pâte sur le plan de travail et garnissez-en une tourtière de 26 cm de diamètre, recouverte de 25 g de beurre. Réservez au frais.

- Pelez les pommes de terre, lavez-les et essuyez-les, puis émincez-les régulièrement. Faites-les cuire à la vapeur pendant 15 minutes et réservez. Écroûtez le maroilles et coupez-le en petits dés.

- Préchauffez le four à 200 °C (th. 6-7).

- Dans un saladier, mélangez le fromage frais et les œufs battus en omelette. Poivrez assez largement et salez modérément. Incorporez les dés de maroilles et mélangez à nouveau. Répartissez les minces rondelles de pommes de terre sur le fond de tarte en formant une couche régulière. Saupoudrez de quelques pincées de noix muscade. Versez la préparation au maroilles par-dessus et enfournez pour 20 minutes.

- Ajoutez le reste de beurre en parcelles sur le dessus de la quiche et enfournez à nouveau pour 10 minutes environ. Servez chaud.

Pour une saveur plus originale, remplacez les pommes de terre par des topinambours ou des navets, également coupés en fines rondelles.

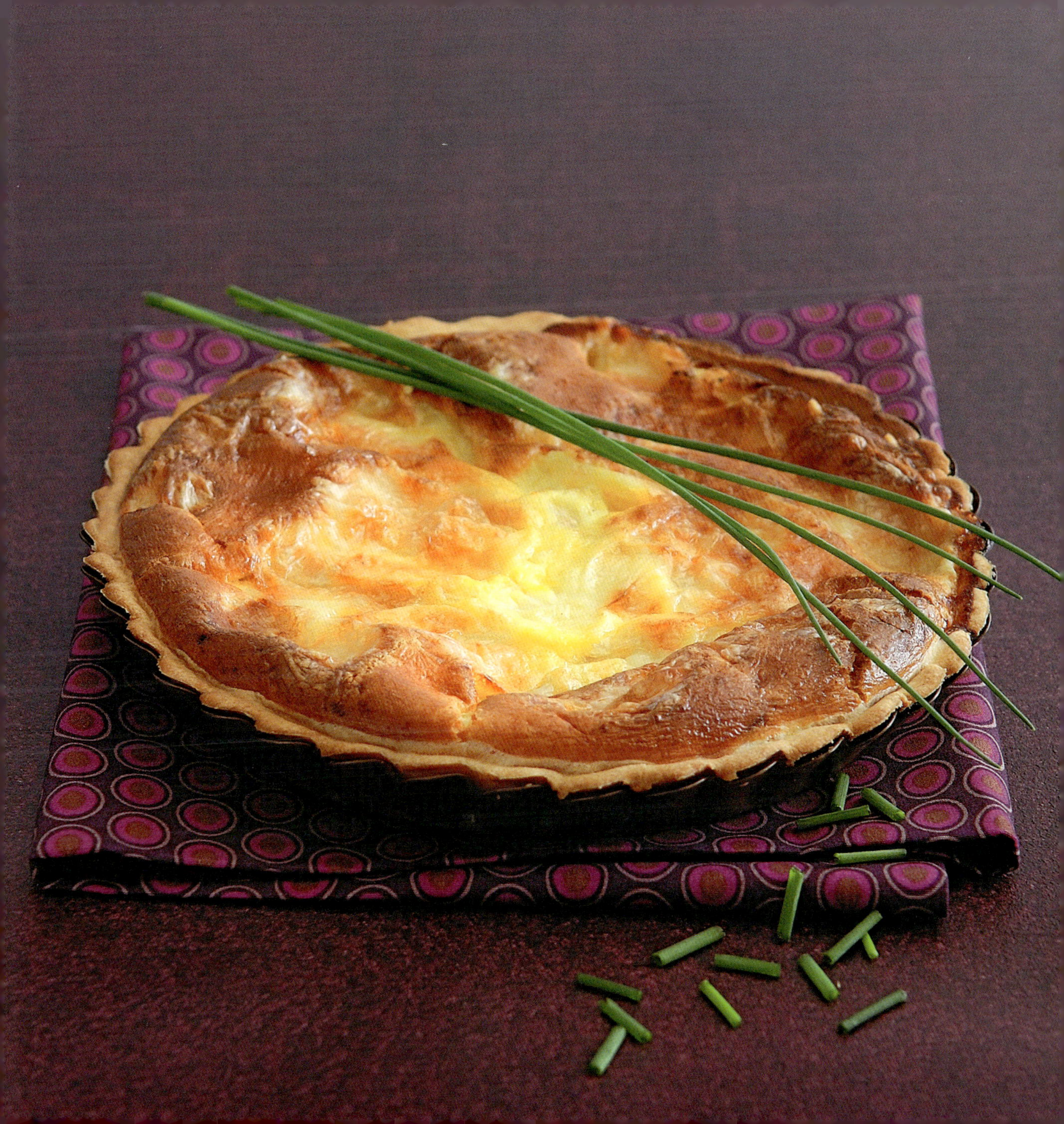

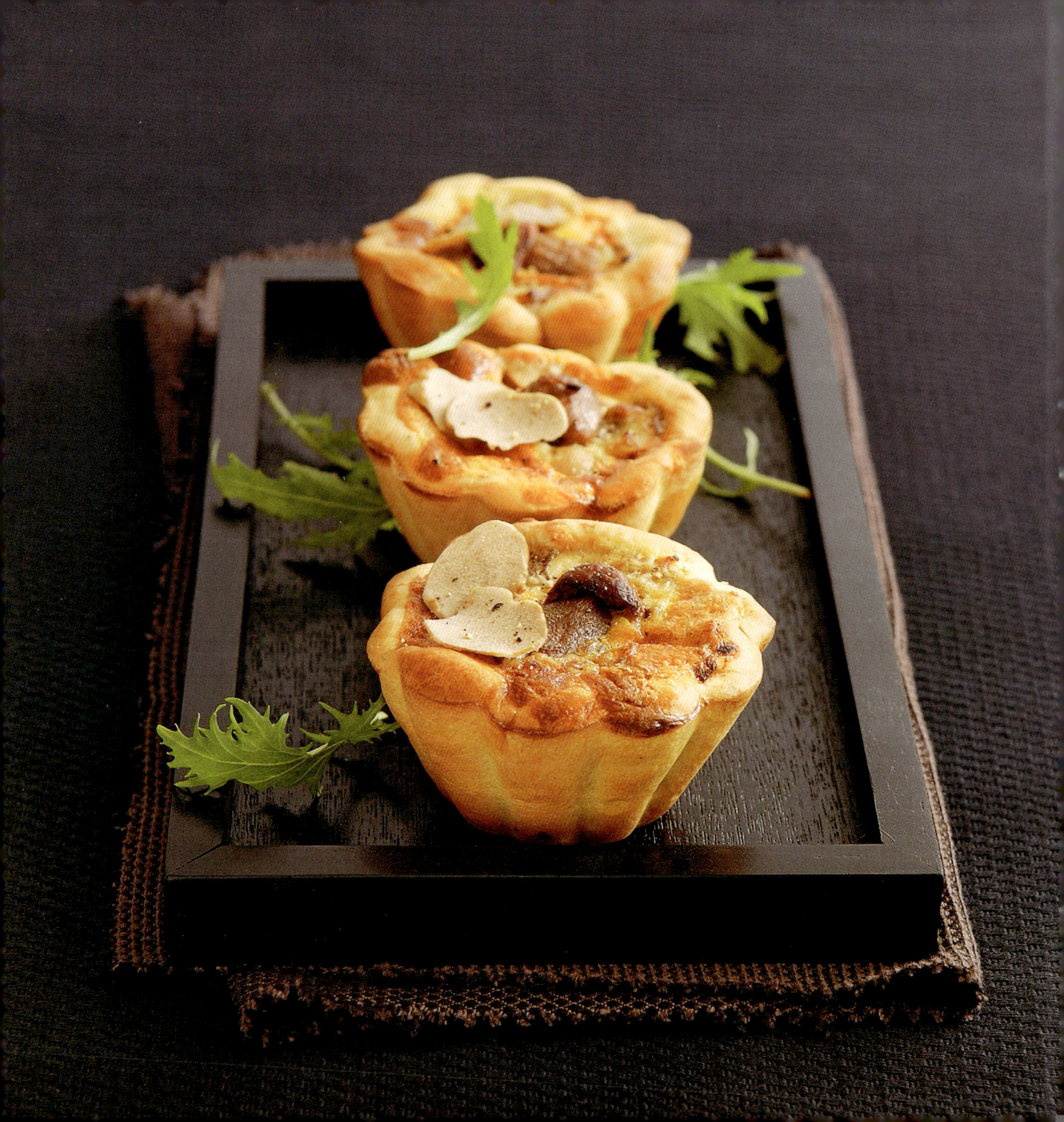

Quiche aux cèpes et à la truffe blanche

Pour 4 personnes
Préparation : 30 minutes
Cuisson : 25 minutes

1 rouleau de pâte brisée ou feuilletée
400 g de petits cèpes
1 truffe blanche
10 cl de crème fleurette
2 œufs
15 g de beurre
2 échalotes
2 cuill. à soupe d'huile d'olive
Sel et poivre du moulin

Certains amateurs estiment que la célèbre truffe blanche du Piémont, que l'on trouve dans la région d'Alba, est un trésor gastronomique encore supérieur à la truffe noire du Périgord.

- Nettoyez les cèpes à l'aide d'un torchon propre. Essuyez-les soigneusement après avoir coupé le pied terreux, puis émincez-les assez finement et régulièrement. Pelez et hachez finement les échalotes.

- Préchauffez le four à 220 °C (th. 7-8).

- Faites chauffer l'huile dans une grande poêle, ajoutez les échalotes et faites-les revenir en remuant pendant 3 minutes. Ajoutez les cèpes, salez et poivrez. Faites sauter pendant 5 minutes, retirez du feu et réservez.

- Dans un bol, mélangez les œufs battus en omelette et la crème. Salez légèrement et poivrez.

- Étalez la pâte et garnissez-en 4 moules à tartelettes beurrés de 12 à 15 cm de diamètre. Répartissez les cèpes aux échalotes sur les fonds de tartelettes et versez le mélange aux œufs par-dessus. Enfournez pour 20 minutes, puis laissez reposer les quiches pendant 5 minutes dans le four éteint.

- Pelez la truffe et taillez-la en fines lamelles. Au moment de servir, déposez-les sur le dessus des quiches et donnez un dernier tour de moulin à poivre.

Choisissez de petits cèpes à chair ferme tenant bien à la cuisson, dits « bouchons de champagne ». À défaut, utilisez des champignons de Paris, voire des shiitakés, plutôt que de gros cèpes trop mous.

LES PETITS + GOURMANDS

Des saveurs en rafales

Une flamiche aux poireaux : proche de la quiche par sa composition, cette tarte réunit sur un fond de pâte brisée une douzaine de blancs de poireaux, blanchis, bien égouttés, puis cuits au beurre pendant 10 minutes environ. Liés avec un mélange de 4 œufs et de 15 cl de crème fraîche épaisse, ils sont versés sur le fond de pâte et le tout est mis à cuire pendant 30 minutes dans le four bien chaud. On peut remplacer les poireaux par une fondue d'oignons ou une purée épaisse de potiron.

Une quiche aux épinards et à la mimolette : l'association d'épinards fondus au beurre et mélangés avec des lamelles de mimolette, sans oublier le complément d'œufs battus avec de la crème fraîche donne également un excellent résultat. Autre accord de saveurs : les poireaux, les oignons et le morbier coupé en petits dés.

La saveur du fromage : pratiquement tous les fromages peuvent intervenir dans une quiche : du fromage blanc de chèvre ou de vache, aux pâtes cuites les plus affinées comme le beaufort ou même le parmesan. Sous forme de lamelles ou de petits dés qui remplacent les lardons ou sous forme râpée pour enrichir le mélange d'œufs et de crème fraîche. Un savoureux exemple ? Les miettes de poulet rôti et le roquefort !

La quiche, c'est vraiment magique !

En voici encore trois délicieuses illustrations :

• La première utilise des rondelles de boudin noir juste rissolées, qui remplacent les lardons de la recette classique. On les recouvre de quelques lamelles de pommes reinettes, légèrement ramollies au beurre, avant de verser le traditionnel mélange d'œufs battus en omelette et de crème par-dessus.

• La seconde variante met à l'honneur des petits bouquets de chou-fleur que l'on répartit sur un fond de tarte précuit. On les recouvre d'un onctueux mélange d'œufs et de crème, additionné de gorgonzola émietté.

• Une troisième idée ? Des rondelles de courgettes marinées avec de l'huile d'olive et un peu de vinaigre de xérès, très bien égouttées et disposées en rosace sur le fond de tarte précuit. On y verse l'indispensable mélange d'œufs et de crème, puis on ajoute de petits tronçons de surimi sur le dessus.

Des idées, encore des idées...

Une quiche au confit de canard et aux lamelles de cèpes ; une autre aux lardons, courgettes et jeunes poireaux ; une quiche aux tomates et aux lamelles de tomme de chèvre ; une autre aux champignons et à la truite fumée ; une quiche au cantal, aux noix et au thym ; une autre à l'ail confit, aux carottes râpées et aux herbes de Provence ; une quiche au poulet rôti et aux oignons caramélisés...

Accompagnements de saison

Salades d'hiver : avec l'endive et la mâche, de nombreuses associations sont délicieuses pour accompagner une quiche. La vinaigrette peut alors intégrer une pointe de moutarde, d'échalote ou même d'oignon, sans oublier les petits dés de betterave, traditionnels avec la mâche.

Salades de printemps : les jeunes feuilles d'oseille et d'épinard, ainsi que de pourpier sont parfaites pour accompagner des quiches au poisson fumé ou aux fruits de mer. La laitue bien croquante et la scarole sont idéales dans presque toutes les occasions. Pour des salades délicates, attention à l'assaisonnement qui doit rester léger. Le pissenlit et l'oseille se marient divinement, mais vous pouvez aussi intégrer des pois gourmands juste blanchis.

Salades d'été : le mesclun est irremplaçable chaque fois que la tomate, l'ail et l'huile d'olive sont présents. Le cresson et le pourpier sont parfaitement rafraîchissants, et quelques rondelles de concombre se marieront parfaitement avec. La variété des fines herbes disponibles en été peut venir souligner l'un des ingrédients de la quiche elle-même !

Salades d'automne : pensez au chou chinois et à la chicorée frisée, avec une vinaigrette à l'échalote. Vous pouvez même intégrer dans la salade des fruits secs ou des petits lardons lorsqu'ils ne figurent pas dans la quiche. Les pousses de soja et le fenouil finement émincé sont également les bienvenus.

Index des recettes

Mini-quiches provençales	25	Quiche au fenouil et à l'anis vert	26	Quiche aux noix, au bleu et à la viande des Grisons	37
Quiche aux artichauts et aux tomates confites	33	Quiche aux fruits de mer	22	Quiche aux olives et au jambon	30
Quiche aux asperges et au crabe	6	Quiche aux huîtres, aux moules et aux crevettes	46	Quiche parmesane à la mozzarella	29
Quiche au brocoli et aux petits pois	13	Quiche au jambon à l'os et au chou	53	Quiche aux pétoncles et aux Saint-Jacques	54
Quiche aux cèpes et à la truffe blanche	61	Quiche à la dinde et aux raisins secs	45	Quiche au poulet et à l'estragon	17
Quiche aux champignons et aux lardons	34	Quiche à la feta et à la menthe	14	Quiche savoyarde	50
Quiche au chèvre et au cresson	21	Quiche à la tomate et au pesto	18	Quiche au thon et aux poivrons	9
Quiche aux courgettes et aux rillettes	10	Quiche lorraine	49	Quiche aux topinambours et aux noisettes	41
Quiche aux endives et au saumon fumé	42	Quiche au maroilles et aux pommes de terre	58	Quiche aux trois fromages	38
				Quiche aux trois oignons et au bacon	57

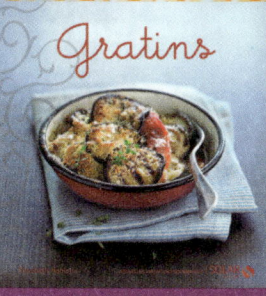

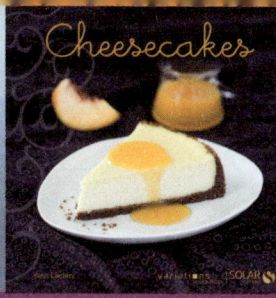

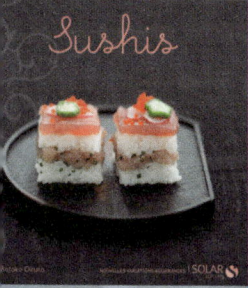

Découvrez le catalogue des éditions Solar sur : www.solar.fr
Testez chaque jour une nouvelle recette sur www.solar.fr rubrique « Club des Gourmands ».

Échangez avec des auteurs, blogueurs et autres gourmands sur notre page Facebook où des surprises vous attendent : www.facebook.com/ClubDesGourmandsSolar

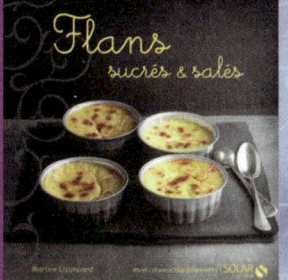

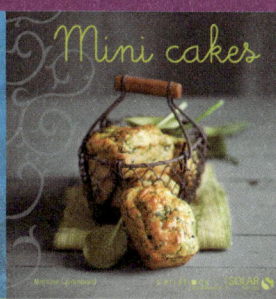

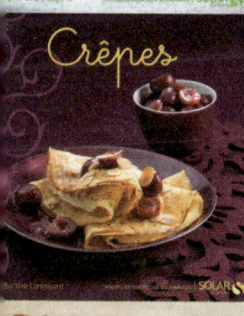

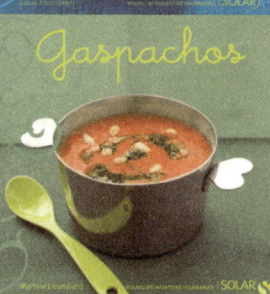

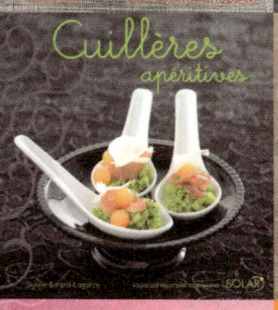

SOLAR ÉDITIONS